Erotisches Philosophieren

Olivia
Mitscherlich-
Schönherr

Erotisches Philosophieren

claudius

essay

Gewidmet ist das Buch Ihnen:
den Leserinnen und Lesern

INHALT

Kapitel 1 Was kann erotisches Philosophieren in der Gegenwart sein? Ein Essay

1. Der verdrängte Eros des Philosophierens

Erotisches Philosophieren? Eine Philosophie, die erotische Phänomene – Begehren, Zeugen, Empfangen, Liebe, Freundschaft – nicht nur zum Gegenstand macht, sondern selbst eine erotische Praxis ist: eine philosophische Praxis des Begehrens, Zeugens, Empfangens, Gebärens, der Geburtshilfe, die unter philosophischen Freund:innen ausgeübt wird?

In der Antike wäre der Ausdruck „erotisches Philosophieren“ als Pleonasmus aufgefallen – steckt doch im Begriff der *Philo*-Sophie selbst bereits ein Lieben: das Lieben, Begehren der Weisheit. Als Liebe unterscheidet sich die *Philo*-Sophie in ihren griechischen Anfängen von allen Wissenschaften und Gesetzmäßigkeiten (griechisch: Logoi oder Nomoi): der Psycho-*Logie*, Polito-*Logie*, Viro-*Logie*, Geo-*Logie*, Öko-*Nomie*, Astro-*Nomie* usw. Den Umstand, dass uns das Sprechen von einem „erotischen Philosophieren“ in der Gegenwart nicht mehr als „doppelt gemoppelt“ erscheint, müssen wir nicht schuldbewusst mangelhaften Griechisch-Kenntnissen anrechnen. Er hat sein Grund vielmehr in der Sache: in einem langwährenden Prozess der Verdrängung des Erotischen aus dem Zentrum des Philosophierens. Seit der Neuzeit wird Philosophie im Allgemeinen nicht mehr als Liebespraxis verstanden und ausgeübt, sondern als „Logos": als nüchterne Wissenschaft. In den neuzeitlichen Systemen sollte Philosophie Wissenschaft schlechthin sein. In der Moderne wird Philosophie in einer Vielzahl von Schulen mit unterschiedlichen Erkenntnismethoden und Grundannahmen ausgeübt, die wechselseitig ihre Ansprüche auf Wissenschaftlichkeit bestreiten – in ihrer Distanz zum Erotischen sich aber einig sind.

In der Gegenwart treten die problematischen Konsequenzen hervor, die diese Verdrängung für das Philosophieren hat. Überdeutlich zeigt sich, dass ein Philosophieren, das allein als nüchtern-rationales Erkennen praktiziert wird, die genuin philosophischen Ansprüche nicht mehr erfüllen kann, die Philosophierenden zu bilden und Wissen zu generieren, das in unübersichtlichen Lebenssituationen Orientierung vermittelt.

Der Bildungsausfall eines verwissenschaftlichten Philosophierens hängt damit zusammen, dass es als Erkenntnispraxis innerhalb des menschlichen Lebens gewissermaßen „zu hoch" angesiedelt ist. Wenn philosophische Auseinandersetzungen *allein* in den Dimensionen des Denkens, Argumentierens und propositionalen Sprechens ausgeübt werden, ist ihnen die Rückbindung an die „tieferen", vor-rationalen Lebensaspekte genommen. Damit wird am Philosophieren aber nicht nur alle Begeisterung, der Drang des Fragens, Entdeckens und das erfüllende Glück des Empfangens abgeblendet. Den philosophischen Auseinandersetzungen wird zugleich auch die Kraft genommen, das vor-rationale Begehren der Philosophierenden zu transformieren, das seinerseits auf ein biologisch festgelegtes Triebgeschehen reduziert wird. Mit all ihren ausgefeilten Argumentationen und Theorien über ein gutes, gerechtes, gelingendes Leben kann die Praktische Philosophie im Leben der Philosophierenden nicht mehr praktisch werden: ihr Leben nicht grundsätzlich erneuern, bilden. Die Theorien der Praktischen Philosophie bleiben abstrakt. Ihre Grenzen finden sie an den sinnlichen Trieben, Interessen. Hier gelten die wertfreien biologischen Gesetze des Gattungserhalts, von denen für philosophisch-ethische Auseinandersetzungen die bohrenden Fragen ausgehen müssen: „Wozu Bildung?" „Warum moralisch sein?"

Ein verwissenschaftlichtes Philosophieren hat nicht nur Probleme mit den klassischen Ansprüchen auf Bildung, sondern auch auf rationale Lebensorientierung. In der Neuzeit wird philosophische Orientierung nach dem Vorbild der empirischen Wissenschaften konzipiert. In Abgrenzung von allen vorrationalen, dunkel-erotischen Lebensaspekten sollen von einem Standpunkt reiner Vernunft in allgemeingültigen Moralsystemen oberste Prinzipien bzw. „Leitbilder" des guten Lebens aufgestellt werden, die immer und überall anzuwenden sind (vgl. Adorno 1967; Kersting 2017). Neben Kants Kategorischem Imperativ und dem utilitaristischen Glückskalkül – „Größtmögliches Glück für die größtmögliche Zahl" – wäre etwa auch an die Theorie der Gerechtigkeit zu denken, die John Rawls im 20. Jahrhundert aufgestellt hat. In der Gegenwart überzeugt diese Ausgestaltung philosophischer Orientierung jedoch kaum noch irgendjemanden. Im Hintergrund einer verbreiteten Skepsis gegenüber allgemeingültigen Leitbildern des guten Lebens steht die Einsicht in die Endlichkeit, Zeitlichkeit des philosophischen Erkennens. In ernsthafter Philosophie, die sich der Einsicht in die eigene Endlichkeit stellt, wird der Anspruch aufgegeben, die zentralen Fragen der Praktischen Philosophie „Was soll ich, was sollen wir tun? Wie soll ich, wie sollen wir leben?“ allgemeingültig zu beantworten. Nicht nur scheinen die individuellen Lebensverläufe zu verschieden zu sein, in denen nach Orientierung gesucht wird; zu vielfältig und zu uneins sind v. a. auch die philosophischen Schulen der Gegenwart. Unter Sprachanalyse, Phänomenologie, kritischer Theorie, Hermeneutik – um nur die wichtigsten Schulen der zeitgenössischen Philosophie zu nennen – herrscht nicht nur ein grundsätzlicher Dissens in Bezug auf Methode, Erkenntnisstandards und Erkenntnisgegenständen der Philosophie; unter ihnen herrscht meist auch Schweigen: ein verhärtetes Nebeneinander-Arbeiten ohne Austausch mit den ungeliebten Nebenbuhler:innen, deren Theorien man die philosophische Ernsthaftigkeit abspricht. Allgemeingültiges Orientierungswissen scheint nicht einmal innerakademisch erreichbar zu sein. So gehen die meisten Vertreter:innen der akademischen Philosophie denn auch bewusst auf Distanz zu philosophischen Orientierungsansprüchen. Zu Recht als unseriös gelten die Praktiken von philosophischen Über-Vätern, aus Großtheorien über den Verlauf der Menschheitsgeschichte oder die menschliche Natur Anweisungen abzuleiten, wie Einzelne oder Gesellschaften konkrete Lebenssituationen gestalten sollen. Während die Entfremdung aus den gesamtpersonalen Lebenszusammenhängen einem verwissenschaftlichten Philosophieren Möglichkeiten zur Bildung der Philosophierenden verschließt, sind ihm durch seine Endlichkeit und Fragmentierung folglich Möglichkeiten allgemeingültiger rationaler Orientierung genommen.

Spätestens in den gesellschaftlichen Krisen des 21. Jahrhunderts – von Finanz- über Corona- bis zur Klimakrise – werden die kulturellen Konsequenzen dieser philosophischen Bildungs- und

Orientierungsausfälle offenbar. In der breiten Öffentlichkeit ist das Begehren nach Orientierung groß. An der Unübersichtlichkeit, Ungewissheit und existenziellen Bedrohlichkeit der gesellschaftlichen Krisen der Gegenwart entzünden sich die zentralen philosophischen Orientierungsfragen: „Wie soll ich, wie wollen wir leben? Wie kann mein, unser Leben in all diesen Herausforderungen gelingen? Wie können wir und unsere Kinder glücklich werden?“ Die Orientierungslücke, die sich dadurch auftut, dass ernsthaft Philosophierende keine allgemeingültigen Großtheorien des guten Lebens, der Gerechtigkeit vortragen, wird von anderen gesellschaftlichen Instanzen gefüllt. Im historischen Vergleich ist es bemerkenswert, dass die Kirchen nicht zur Stelle sind. Auch traut ihnen in der Öffentlichkeit nach den Skandalen der letzten Jahrzehnte wohl kaum mehr jemand die Fähigkeit zur Orientierung zu. Vielmehr werden nun wissenschaftliche Expert:innen gefragt. Auf dem boomenden Markt der Ratgeberliteratur und Gesundheits-Apps geben Expert:innen aus Psychologie, Medizin, Wirtschaft Antworten auf die Fragen nach dem Gelingen der individuellen Existenz. Das Spektrum der empfohlenen Wege zum individuellen Glück reicht von spirituell-meditativen Praktiken der Achtsamkeit bis zu stark technikgestützten Praktiken der Selbstoptimierung. Auf gesellschaftlicher Ebene findet bei der Auseinandersetzung mit Fragen nach einem gelingenden gesellschaftlichen Miteinander eine parallele Entwicklung statt. In Finanz-, Corona- und Klima-Krise wollen Politiker:innen die politische Krisenbewältigung vom Wissen der jeweils zuständigen Expert:innen aus der Ökonomie, Virologie und Epidemiologie bzw. den Klima- und Erdsystemwissenschaften „ableiten“. Dabei zeigt sich der Status von Expert:innen als gesellschaftlicher Orientierungsinstanz unter anderem daran, dass politische Konflikte die Gestalt von wissenschaftlichen Konflikten annehmen (vgl. Bogner 2021: 18–36). „Klima-Leugner:innen“ begründen ihre politischen Positionen genauso mit wissenschaftlicher Expertise wie „Klima-Aktivist:innen“, „Querdenker:innen“ genauso wie die Vertreter:innen der offiziellen Corona-Regierungspolitik. Sie unterscheiden sich primär in den wissenschaftlichen Quellen, auf die sie sich berufen: entweder auf den wissenschaftlichen „Mainstream“ oder auf Randpositionen.

Wissenschaftliche Expertise ist bei der Gestaltung der individuellen Existenz wie des gesellschaftlichen Miteinanders unverzichtbar. Dies zeigt bereits ein oberflächlicher Blick auf die Errungenschaften der modernen Medizin, auf die heutzutage wohl kaum jemand verzichten möchte. Problematisch wird es jedoch, wenn wissenschaftlichen Expert:innen die Aufgabe *normativer* Lebensorientierung überantwortet wird: wenn expertokratische Formen normativer Lebensorientierung ausgebildet werden und wissenschaftliche Expert:innen allgemeingültige Antworten auf die Orientierungsfragen „Was soll ich, was sollen wir tun?“ geben sollen – denen sich die selbstkritischen Philosoph:innen zu Recht gerade verwahren. Lebensorientierung nimmt dann die Gestalt einer „Ableitung“ von Handlungsempfehlungen eines gelingenden Lebens aus allgemeinen wissenschaftlichen Evidenzen an. Dabei wird jedoch die Abstraktheit der wissenschaftlichen Erkenntnisse unterschätzt: dass die wissenschaftlichen Evidenzen „nicht für sich sprechen“, keine normativen Aussagen darüber enthalten, wie gehandelt werden *soll.* Um von wissenschaftlichen Forschungsergebnissen ethische oder politische Anweisungen „ableiten“ zu können, müssen deswegen unter der Hand normative Annahmen über ein gelingendes Leben in Anspruch genommen werden. Die erreichten Anweisungen können zugleich nur deswegen als allgemeingültig, alternativlos behauptet werden, weil die normativen Vorannahmen nicht reflektiert, sondern verdeckt werden und auf eine kritische Auseinandersetzung verzichtet wird. So werden in der Ratgeberliteratur meist unkritisch sozial verbreitete Glücksvorstellungen in Anspruch genommen, wenn Handreichungen zum Gelingen der individuellen Existenz gegeben werden: etwa die Vorstellung, dass menschliches Glück etwas sei, das sich herstellen lasse, wenn man nur ausreichend „an sich arbeite". Analog funktionieren die Konstruktionen von politischen Alternativlosigkeiten im Rückgriff auf wissenschaftliche Evidenzen. Wenn die Regierung etwa während der Corona-Krise bestimmte politische Maßnahmen mit Bezug auf wissenschaftliche Modellierungen als „alternativlos" behauptet hat, dann hat sie unter der Hand normative Annahmen darüber in Anspruch genommen, wessen Interessen gewahrt, welche Gesellschaftsgruppen in besonderem Maße geschützt bzw. in die Pflicht genommen werden sollen. Indem philosophische Orientierung ausfällt und expertokratische Formen der Lebensorientierung erstarken, kommt es zu neuen Formen der Irrationalität: zu einem Verlust an Selbstreflexivität und bewusster Selbstbestimmung bei der individuellen und gesellschaftlich geteilten Lebensführung.

In dieser Gemengelage möchte ich die antike Tradition eines Philosophierens wiedererinnern, das sich aus erotischem Begehren speist und als erotische Praxis ausgeübt wird – und darin genuin philosophische Prozesse der Bildung und Orientierung freisetzen kann. Mit diesem Rückbezug auf die Antike wahre ich in meinen Bemühungen um eine Re-Erotisierung des Philosophierens zugleich Distanz zur neuzeitlichen Naturalisierung bzw. Biologisierung des Erotischen. Darunter verstehe ich eine

Auffassung, die menschliches Begehren, Zeugen, Empfangen, Gebären als allein sinnlich-körperliche Akte deutet, vermittels derer sich das biologische Leben der menschlichen Gattung fortpflanzt. Wenn „hinter“ geistigen – religiösen, künstlerischen, philosophischen – Aktivitäten erotisches Begehren entdeckt werden soll, dann geschieht dies meist in Gestalt von „Entschleierungen“: wo vom Guten, von Gerechtigkeit, Schönheit die Rede sei, ginge es eigentlich nur um Triebbefriedigung. Meinerseits möchte ich – in Auseinandersetzung mit der antiken Tradition des erotischen Philosophierens – eine alternative Form der erotischen Erneuerung bahnen. Die biologistische Erotik sitzt nämlich nicht nur einem verkürzten Verständnis des Erotischen auf. Abgeblendet werden die leiblichen Erfahrungen, Emotionen, kulturellen Bilder, Rollen, die erotisches Begehren, Zeugen, Empfangen, Gebären durchdringen. Übersehen wird, dass das erotische Erleben nicht in blinden Gefühlszuständen aufgeht, die in Menschen hochkochen, sondern dass es besondere Inhalte hat: sich an der Schönheit des Begehrten entzündet und nur deswegen aufregend ist und der individuellen Existenz Sinn verleihen kann. Unter der Ägide einer biologistischen Erotik werden gleichzeitig auch die Bildungs- und Orientierungspotenziale verspielt, über die das europäische Philosophieren in seinen erotischen Anfängen verfügt. Die Fragen der Lebensführung werden den biologischen Gesetzen des Gattungserhalts überantwortet.

Wenn ich mich im Folgenden um eine Re-Erotisierung der zeitgenössischen Philosophie bemühe, dann möchte ich an die ganzheitliche Tradition philosophischer Erotik der griechischen Antike anknüpfen. Mit diesem Unternehmen verbinde ich die Hoffnung, einen Weg aus den aktuellen Bildungs- und Orientierungsproblemen zu finden, von denen die ent-erotisierte, rationalistische Philosophie der Gegenwart eingeholt wird. Genauer geht es mir darum, ein Philosophieren zu bahnen, das im vor-rationalen, erotischen Leben verankert ist und seinerseits in erotischen Praktiken geistig-philosophischen Empfangens, Zeugens, Gebärens ausgeübt wird – und in ebendieser erotischen Durchdringung alternative Bildungs- und Orientierungsprozesse freisetzt: philosophische Orientierung, die nicht von einem Wissensstandpunkt allgemeingültiger Vernunfterkenntnis jenseits des Lebens, sondern vielmehr von einem Standpunkt inmitten des Lebens zwischen Wissen und Nicht-Wissen erreicht wird. Dabei wird sich zeigen, dass diese philosophische Bildungspraxis auch für die politische Öffentlichkeit von Belang ist.

Um zu einer zeitgenössischen Wiederbelebung eines erotischen Philosophierens beizutragen, gliedere ich mein Essay in vier Schritte. Zunächst blicke ich auf die antiken Anfänge zurück. In Anschluss daran reflektiere ich zentrale Umstellungen und Einsichten der Neuzeit und Moderne, die einer „musealen" Wiederbelebung des erotischen Philosophierens entgegenstehen. Im dritten Schritt meiner Überlegungen stelle ich mich affirmativ in den philosophischen Pluralismus der Perspektiven, Methoden und Theoreme der Gegenwart, um im Lichte der antiken Tradition erotischen Philosophierens dessen erotische Quellen und Potenziale auszuleuchten. Auf diese Weise möchte ich zu einer erotischen Erneuerung des plural-vielgestaltigen Philosophierens unserer Zeit beitragen und ein zeitgenössisches pluralistisches erotisches Philosophieren bahnen, in dem philosophische Freundinnen und Freunde miteinander ganzheitliche Bildungsprozesse durchlaufen. Am Ende meines Essays werde ich schließlich auf die Grenzen meines vorliegenden Unternehmens blicken: Philosophie in Gestalt eines Traktats erotisch zu erneuern. Diese Auseinandersetzung mit den Darstellungsformen, in denen Philosophie als erotische Praxis ausgeübt werden kann, macht den Übergang zu den Dialogen zwischen philosophischen Freund:innen bzw. politischen Freund-Feind:innen im zweiten Teil des vorliegenden Buchs.

2. Das antike Vorbild: Das erotische Philosophieren in der Tradition des Sokrates

Die Einsicht, dass wir kein allgemeingültiges Wissen über das gute Leben als Leitbild der Lebensführung erreichen können, prägt die europäische Philosophie nicht nur in der Gegenwart, sie prägt sie v. a. auch in ihren Anfängen bei Sokrates. Sokrates und seine Schüler sind darin jedoch noch viel weiter gegangen als die meisten Vertreter:innen der zeitgenössischen Philosophie. Philosophie haben sie als Praxis von konkreten leiblich verfassten Personen verstanden, ausgeübt und dargestellt, die einen Namen und eine Biographie haben und deren Leben erotisch bestimmt ist. In dieser erotischen Verankerung und Durchdringung besitzt das Sokratische Philosophieren ganzheitliche Orientierungspotenziale. Es bildet die Philosophierenden als ganze Personen – in ihrem erotischen Begehren, Empfangen, Gebären, Zeugen – zur Lebensklugheit; also zu Menschen, die in den einzelnen Situationen ihres Lebens gut zu leben wissen.

2.1. *Platons Symposion als Schlüsseltext des antiken erotischen Philosophierens*

In der Antike wird Sokrates in verschiedenen Schriften seiner Schüler als Personifikation erotischen Philosophierens vorgestellt: u. a. in Xenophons *Symposion (Gastmahl)* sowie in einer Vielzahl Platonischer Dialoge: in der *Apologie*, dem *Theätet*, *Lysis*, *Phaidros*, v. a. aber in Platons *Symposion (Gastmahl)*. In all diesen Texten lässt sich nicht trennscharf zwischen dem Denken und Wirken des historischen Sokrates und der literarischen Darstellung durch seine Schüler unterscheiden.

Platons *Symposion* bildet gleichwohl den Schlüsseltext eines auf Sokrates zurückgehenden erotischen Philosophierens. Dies
hat nicht nur damit zu tun, dass dieser Text den Eros explizit zu seinem Gegenstand macht: erotisches Begehren, Empfangen, Zeugen, Gebären, Fortpflanzen. Vielmehr verzahnt Platon in diesem Text unterschiedliche Aspekte eines textuell vermittelten erotischen Philosophierens.

Auf einer ersten diskursiven Ebenen lässt Platon Sokrates – in dessen Lobrede auf den Eros – eine Theorie über Philosophie als erotischer Praxis vortragen.

Auf einer zweiten narrativen Textebene zeichnet Platon ein Bild von Sokrates als philosophischem Erotiker. Im Zentrum des Textes findet sich eine mythische Darstellung des Eros, die deutliche Züge des Sokrates trägt – und damit Sokrates seinerseits als Person hervortreten lässt, in der der Eros konkrete leibhafte Gestalt gewinnt. Wie Sokrates ist der mythische Eros eine schillernde Gestalt, die „rauh, unansehnlich, unbeschuht, ohne Behausung" ist, zugleich aber „dem Guten und Schönen nach[stellt], tapfer, keck und rüstig [ist], ein gewaltiger Jäger, allezeit irgendwelche Ränke schmiedend, nach Einsicht strebend, sinnreich, sein ganzes Leben lang philosophierend, ein arger Zauberer, Giftmischer und Sophist" (Symp. 203c f.). Im Lichte der mythischen Eros-Erzählung tritt als existenzielle Grundhaltung des Philosophen Sokrates seine Zwischen-Position hervor, aus der sich sein rückhaltloses Begehren speist: als Zwischengestalt, die weder schön noch hässlich ist, weder wissend noch unwissend, weder gut noch schlecht, ist Eros alias Sokrates zum Schönen, Guten, zur Weisheit hingezogen, die er nicht besitzt, von denen er jedoch eine Ahnung hat. „Kein Gott philosophiert oder begehrt weise zu werden, sondern ist es, noch auch, wenn sonst jemand weise ist, philosophiert dieser. Ebensowenig philosophieren auch die Unverständigen oder streben, weise zu werden. Denn das ist eben das Arge am Unverstande, daß er, ohne schön und gut und vernünftig zu sein, doch sich selbst ganz genug zu sein dünkt.“ Dagegen sei „Eros notwendig weisheitsliebend“ und steht „philosophisch zwischen den Weisen und Unverständigen mitteninne“ (Symp. 204e). Die narrative Darstellung des Sokrates als philosophischer Erotiker geht in Platons *Symposion* noch weit über diesen Mythos hinaus. Auch im Bericht über die Ereignisse während des Gastmahls stellt Platon Sokrates als philosophischen Erotiker vor, der in seiner philosophischen Gesprächskunst auf genuin philosophische Weise begehrt, das begehrte Glück empfängt, in seinen Schülern zeugt, Leben fortpflanzt.

In einer dritten Textebene begegnen die Schüler, in denen Sokrates philosophisch gezeugt hat. In den Rahmenerzählungen, in die der Bericht über Sokrates beim Gastmahl eingelassen ist, stellt Platon Sokrates' Schüler ihrerseits als Philosophierende vor, die philosophisch begehren, empfangen und in weiteren Schülergenerationen zeugen.

Und schließlich gelingt es Platon mit dieser inhaltlichen Darstellung, seinen eigenen Text als verschriftlichte philosophisch-erotische Praxis durchsichtig zu machen: als einen erotischen Text, mit dem er sich als erotischer Schüler des Sokrates seinerseits im Verhältnis zu seinen Leser-Schülern als erotischer

Autor-Lehrer betätigt, sie in ihrem erotischen Begehren adressiert, in ihnen zeugt und sie auf diese Weise zur philosophischen Empfängnis und zum philosophischen Gebären befähigt.

Die Frage, ob die Ausgestaltung des erotischen Philosophierens als Lehrpraxis zwischen philosophischen Lehrer- und Schüler-Freunden auf den historischen Sokrates zurückgeht, oder aber von Platon angefangen wird, ist im historischen Rückblick nicht eindeutig zu entscheiden. Viel spricht für die zweite Hypothese. Während es nämlich Sokrates selbst kaum um Schulbildung gegangen sein dürfte, hatte Platon großes Interesse daran, die philosophische Lebensform auch nach der Hinrichtung des Sokrates in künftigen Generationen fortzuzeugen. Auch greift Platon bei der Ausgestaltung der philosophischen Lehrer-Schüler-Beziehung auf rationalistische Annahmen zurück, die der historische Sokrates kaum geteilt haben dürfte: insbesondere die intuitiv-kontemplative Schau der Ideen bzw. des wahrhaft Schönen und Guten sowie den Anspruch, in deren Lichte des wahrhaft Schönen „wahre Tugend" hervorzubringen. Bereits in der Antike finden sich Spuren eines alternativen erotischen Philosophierens. Aus Berichten über sein Leben lässt sich ablesen, dass Aristoteles ein erotisches Philosophieren nicht in Gestalt von Lehrgesprächen zwischen Lehrer- und Schüler-Freunden, sondern als gleichrangige Gespräche zwischen philosophischen Freunden auf Augenhöhe ausgeübt hat. Im zweiten – dialogischen – Teil meines Buches werde ich an beide Gestalten erotischen Philosophierens anknüpfen, um die pluralistische Gestalt eines erotischen Philosophierens unter philosophischen Freund:innen *in actu* auszuüben, die ich im vierten Abschnitt des vorliegenden Essays skizziere. In meinem Essay werde ich mich dagegen auf das *Symposion* konzentrieren, da es in seiner skizzierten Vielschichtigkeit, seinen differenzierten Phänomenbeschreibungen und seiner Selbstbezüglichkeit den zentralen Referenztext des auf Sokrates zurückgehenden erotischen Philosophierens darstellt. Genauer werde ich das erotische Philosophieren, das uns im *Symposion* begegnet, im Folgenden in seinen erotischen Quellen und in seinen erotischen Praktiken vorstellen.

2.2. *Der Anfang bildenden Philosophierens im erotischen Begehren*

Erotisch ist Philosophieren im *Symposion* bereits in seinen Anfängen. Personen werden in diesem Text durch *erotisches Begehren nach Weisheit* zum Philosophieren motiviert.

Als Praxis von leiblich verfassten Personen mit individueller Biographie und Eigennamen ist Philosophie in nicht-philosophische Lebenskontexte integriert. Damit kommt der Frage nach dem Anfang des Philosophierens besondere Relevanz zu, da er seinerseits nicht in philosophischer Argumentation, dem Auffinden von Gründen oder dem philosophischen Sehen der Sachen selbst bestehen kann. In seinem Anfang entscheidet sich der Status, der dem Philosophieren im Leben zukommt: ob die philosophischen Auseinandersetzungen als Mittel genutzt werden, um letzte Ziele der Lebensführung zu erreichen, die ihrerseits nicht mehr philosophisch reflektiert und überprüft werden – worin philosophische Bildung von Anfang an marginalisiert wäre; oder ob philosophische Auseinandersetzung als in sich sinnvolle Praxis angefangen wird, die ihrerseits auf diese vor-philosophischen Bindungen ausgreifen, sie reflektieren und erneuern – und damit ganzheitliche Bildungsprozesse formen kann.

Im *Symposion* kann erotisches Begehren den Anfang zu einem

erneuernden, bildenden Philosophieren machen, da erotisches Begehren seinerseits nicht biologistisch als wertfreies sinnlich-biologisches Triebgeschehen, sondern als wertbezogener Lebensakt verstanden wird. Das Verständnis des erotischen Begehrens unterscheidet sich dabei grundlegend von den biologistischen Theorien der Neuzeit, die es auf einen biochemisch verursachten Gefühlszustand rauschhafter Erregtheit reduzieren: auf einen Zustand, in dem Begehrende eine Vielzahl positiver Charakterzüge auf das Objekt ihrer Begierde projizieren. Unter anderem in Anschluss an Arthur Schopenhauer wird dieser Gefühlszustand als Finte der Natur „entschleiert": als emotionale Erregtheit, die die Begehrenden zur Ausübung von Sexualpraktiken und zum Aufziehen der dabei gezeugten Kinder motiviere, wodurch der Erhalt der Gattung sichergestellt werde. Solche Zusammenhänge blinder Begierde würden philosophische Bildung freilich untergraben. Wenn sexuelles Begehren in besonderen Beziehungskonstellationen zu philosophischen Auseinandersetzungen motivieren mag, dann kann Letzteren bloß noch instrumenteller Wert zukommen: die eigenen Erfolgsaussichten zu erhöhen, eine begehrte Person „rumzukriegen".

Jenseits solcher biologistischen Verkürzungen begegnet erotisches Begehren im *Symposion* als eine Aktivität, die in allen körper-leiblichen, seelischen und geistigen Dimensionen personalen Lebens ausgeübt wird: von Pausanias' sinnlich-sexuellem Begehren von gutaussehenden, jungen Männern über Aristophanes' Begehren von Seelenverwandten, Agathons Begehren nach Ruhm bzw. Anerkennung durch die kulturellen Eliten bis Sokrates' philosophischem Begehren von Weisheit bzw. Klugheit. Gedeutet wird das vielgestaltige erotische Begehren als eine Aktivität, die besondere Formen der Werterkenntnis eröffnet und nicht zum biologischen Lebenserhalt, sondern zu Formen des guten, glücklichen Lebens motiviert.

Im Unterschied zu der biologistischen Annahme, dass es sich beim erotischen Erleben um rauschhafte Zustände ohne Erkenntniswert handelt, wird das erotische Erleben in seinen Erfahrungsgehalten im *Symposion* ernstgenommen. Wie in der modernen Phänomenologie – insbesondere in Anschluss an Max Scheler – wird das erotische Erleben nicht als inhaltsleerer Gefühlszustand, sondern als intentionale Aktivität verstanden: als eine Aktivität, die auf ein Objekt gerichtet ist. Erotisches Begehren bezeichnet damit eine besondere Art des Erlebens von Begegnendem. Das *Symposion* zeigt: Erotisches Begehren macht nicht blind, sondern sehend, eröffnet Erfahrung – und zwar eine solche Erfahrung, die sich einer nüchternen Perspektive notwendigerweise entzieht. In diesem Sinne grenzt Sokrates im *Phaidros* das erotische Begehren als göttlichem Wahnsinn vom bloß menschlichen Wahnsinn als ein Erleben ab, das Wissen enthüllt, das der nüchternen Verständigkeit verborgen bleibt (vgl. Phaidros 244c–245c). Im begehrenden Angezogen-Werden wird das Begehrte nämlich in seiner Schönheit erfahrbar, d. h. in seiner inneren Wohlgeordnetheit, Stimmigkeit und Sinnhaftigkeit. Erotisches Begehren entzündet sich an der Schönheit des Begehrten, die ihrerseits allein für einen begehrenden Blick zugänglich wird. In den vielfältigen Erfahrungszirkeln erotischen Begehrens werden im Laufe von Platons Gastmahl Leiber, Seele, politische Ordnungen, Erkenntnisse begehrt und in ihrer Schönheit erkannt. Über die Wahrheit der begehrten Schönheitserfahrungen wird nicht im Ausgang von einem nüchternen Erkenntnisstandpunkt entschieden, an dem Schönheit gar nicht sichtbar wird; über ihre Wahrheit soll vielmehr innererotisch entschieden werden: ob das Begehren als Begehren vollkommen ausgeübt wird.

In seinen Verhältnissen zum praktischen Handeln wird das erotische Begehren – wiederum anders als in neuzeitlichen Naturalismen – als eine Form der Motivation verstanden, die Begehrende nicht fremdbestimmt: auf das Abspulen der biologischen Gesetze des Gattungserhalts festlegt. Vielmehr wird erotisches Begehren im *Symposion* als eine Erfahrung gedeutet und gelebt, die ins Verfolgen eines gelingenden, selbstbestimmten Lebens hineinzieht. Die Erfahrungen des Hingezogen-Werdens zu – leiblicher, seelischer, politischer, sprachlicher, rationaler – Schönheit werden als Begehren des Glücks durchsichtig gemacht, das darin ausscheint. Erotisches Begehren wird als Begehren des gelingenden, glücklichen Lebens aufgezeigt, das im Kontext des begehrten Schönen lebbar wird: durch Eingehen, Aneignung, Teilhabe an schönen Leibern, Seelen, Ordnungen, Erkenntnissen. Es motiviert damit nicht zur Realisierung der fremden Agenda des Gattungserhalts, sondern vielmehr zu Praktiken des gelingenden Lebens, auf die das begehrte Schöne verweisen. Dabei ist das Glück, für das sich die Teilnehmer des Gastmahls begeistern, genauso vielfältig wie die Gestalten der Schönheit, in denen es aufscheint, und das Begehren, das sich an ihnen entzündet. Im *Symposion* wird leiblich, seelisch und geistig das glückliche Leben als Vater, Arzt, Politiker, Dichter, Weiser begehrt, das die Schönheit begegnender Leiber, Seelen, Ordnungen, kultureller Praktiken, philosophischer Erkenntnis verspricht.

Vor dem Hintergrund dieser Skizze lässt sich nun übersehen, inwiefern philosophisches Begehren im *Symposion* den Anfang zu einem bildenden Philosophieren macht. In seiner philosophischen Ausgestaltung wird erotisches Begehren in geistigen

Lebensschichten zwischen Nicht-Wissen und Wissen ausgeübt. In dieser Zwischen-Position entzündet sich philosophisches Begehren an der Schönheit, inneren Stimmigkeit von Wissen bzw. genauer an dem Glück, auf das Wissen in seiner Schönheit verweist. Es begeistert für eine philosophische Existenz, die ihr Glück in der Teilhabe am Wissen findet. Damit motiviert es zu einer philosophischen Existenz, in Erkenntnisprozessen rationale Lebensorientierung bzw. die Fähigkeit zu gewinnen, konkrete Lebenssituationen klug zu beurteilen und zu gestalten. Zugleich ist erotisches Begehren für sich genommen erst die bloße Disposition zu einer bestimmten Lebensform mitsamt ihren Glückspotenzialen, nicht jedoch ihre Verwirklichung. Und so motiviert philosophisches Begehren zwar zu einer philosophischen Existenz, realisiert sie jedoch noch nicht.

2.3. *Phänomenologie des wertbezogenen Empfangens, Gebärens, Zeugens*

Erotisch ist Philosophieren im *Symposion* nicht nur in seinen Anfängen, sondern auch in seinen Erkenntnispraktiken. In den erotischen Praktiken des Empfangens, Gebärens und Zeugens gewinnt das philosophische Leben Realität, das in der Teilhabe an Wissen bzw. an Erkenntnisprozessen die Quellen seines Gelingens findet. Im *Symposion* kann die philosophische Lebensform in erotische Praktiken umgesetzt werden, weil diese ihrerseits nicht biologistisch als wertferne Praktiken der biologischen Fortpflanzung, sondern vielmehr als Praktiken verstanden werden, die Formen eines gelingenden Lebens umsetzen: die Gestalten des Glücks, die in der Schönheit begegnender Leiber, Seelen, Ordnungen, Erkenntnisse aufscheinen und begeistern.

In ihrer wertbezogenen Ausgestaltung unterscheiden sich das Empfangen, Gebären und Zeugen des *Symposions* grundlegend von den biologistisch verengten Formen des Empfangens, Gebärens und Zeugens, die in Neuzeit und Moderne dominant werden. Ihre fortgeschrittensten Gestalten finden die biologistisch gedeuteten erotischen Praktiken in der modernen Reproduktionsmedizin und Geburtshilfe. Zeugen, Empfangen und Gebären werden als biologische Fortpflanzungspraktiken ausgeübt, in denen sich Menschen reproduzieren und das Leben der Gattung in der Generationenfolge sicherstellen. Strukturell werden die erotischen Praktiken – nach dem Vorbild des großen Werkmeisters – an zweckrationale Tätigkeiten angeglichen. In dieser zweckrationalen Ausgestaltung sind die erotischen Tätigkeiten dann in guter Verfassung, wenn sie effizient sind und gute Ergebnisse hervorbringen: „Kinder machen", die den gesellschaftlichen Ansprüchen an Gesundheit und Unversehrtheit entsprechen. Da die Tätigkeiten selbst ohne inneren Wert sind, können sie in allen Teilaspekten verändert, ersetzt oder optimiert werden: durch das Einfrieren von Eizellen oder Spermien, die Spende fremder Eizellen oder Spermien, die Befruchtung in vitro, Leihmutterschaft, Testung, Selektion und Eingriffe in Embryonen innerhalb oder außerhalb des Mutterleibs. In Gestalt solcher biologischen Fortpflanzungspraktiken kann ein bildendes Philosophieren freilich nicht verwirklicht werden. Nicht nur sind Zeugen, Empfangen und Gebären, wenn sie allein als biologische Fortpflanzungspraktiken verstanden und gelebt werden, genauso blind wie die sinnlichen Gefühlszustände erregten Getrieben-Seins. Auch hat ihre Vervollkommnung im Kontext der modernen Biowissenschaften und -technologien nur instrumentellen Wert: die Reproduktionsprozesse mitsamt der organischen

Ausstattung des erzeugten Kindes zu optimieren – nicht jedoch Eltern und Kinder zu einem guten, gelingenden Leben zu bilden.

Jenseits solcher biologistischen Verkürzungen werden die erotischen Praktiken des Empfangens, Gebärens und Zeugens im *Symposion* in allen körper-leiblichen, seelischen und geistigen Dimensionen personalen Lebens angesiedelt: in Beziehungen zwischen leiblichen Eltern und Kindern, in medizinischen Kontexten der Therapie verwirrter, krankmachender Erotik, in den politischen Beziehungen innerhalb des Gemeinwesens, in den Künsten zwischen Künstlern und Publikum sowie in philosophischen Lehrbeziehungen. Biologisch-hormonelle Prozesse und biologische Geschlechtsmerkmale können in diese erotischen Praktiken einbezogen werden, müssen es jedoch nicht. Gemeinsam ist den wertbezogenen, erotischen Praktiken, dass sie keine instrumentellen Tätigkeiten formen, die ihren Wert in ihren Produkten haben; sondern dass sie vielmehr Praktiken darstellen, die in sich wertvoll sind – und dem Leben deswegen *in actu* Sinn verleihen.

So wird *Empfängnis* nicht auf die Empfängnis einer (biologisch fruchtbaren) Frau von Spermien eines (biologisch fruchtbaren) Mannes reduziert, die in der Frau biologische Fortpflanzungsprozesse anstößt. Empfangen wird im *Symposion* vielmehr in körper-leiblichen, seelisch-emotionalen und geistig-kontemplativen Vollzügen des Affiziert-, Erfüllt-, Durchdrungen-, Geformt-Werdens. Dazu gehören neben dem – organisch ermöglichten – körper-leiblichen Eingehen in organische Lebenszusammenhänge auch sympathetische Erfahrungen der verschmelzenden Einsfühlung, das geistige Gewinnen von diskursiven Erkenntnissen und das intuitiv-kontemplative Erfüllt-Werden von überwältigender Schönheit. In all diesen Ausgestaltungen des Empfangens überlassen sich die Erotiker des *Symposions* keinen biologischen Kausalprozessen, sondern vielmehr den Sinnzusammenhängen eines schönen, in sich stimmigen, wohlgeordneten Lebens, in die sie ihr leibliches, seelisches oder geistiges Begehren hineingezogen hat.

Genauso wenig wie das Empfangen wird das *Zeugen* im *Symposion* biologistisch auf einen allein körperlichen Akt reduziert. Zum Zeugen werden Menschen im *Symposion* nicht durch ihre biologische Geschlechtsreife, sondern vielmehr durch ihre erotische Empfängnis befähigt: indem sie sich Formen und Praktiken eines gelingenden Lebens „einverleibt", kultiviert haben. Die Praxis des Zeugens wird nicht auf den Akt der Ejakulation eines Mannes im Körper einer Frau reduziert, der die biologischen Prozesse der Befruchtung und Reproduktion anstößt. Gezeugt wird im *Symposion* vielmehr in den körper-leiblichen, seelisch-emotionalen und geistig-rationalen Praktiken des Freisetzens, Befähigens, Unterstützens, Einführens, Belehrens. Diese ganzheitlichen Praktiken des Zeugens können, müssen aber keine biologische Befruchtung umfassen. Sie bringen die kommenden Generationen nicht als künftige Repräsentanten der biologischen Gattung *homo sapiens* hervor, sondern setzen sie vielmehr in allen Aspekten ihres Person-Seins frei, unterschiedliche Lebensformen auszuüben.

Und schließlich wird auch das *Gebären* nicht biologistisch auf den mütterlichen Akt der Austreibung des Kindes aus ihrem Körperleib reduziert. Zum Gebären befähigt werden Erotiker im *Symposion* nicht durch ihre biologisch-geschlechtliche, sondern durch ihre ganzheitliche personale Reife: indem sie – durch Erotiker befruchtet – Formen des guten Lebens empfangen haben. Das Gebären selbst begegnet in Praktiken, in denen Erotiker den unterschiedlichen Formen des Glücks bzw. eines gelingenden Lebens Realität vermitteln: im elterlichen Zur-Welt-Bringen von tugendhaften Kindern, im politischen Erlassen von gerechten Gesetzen, im poetischen Schöpfen von schönen Versen und in einem philosophisch vermittelten Hervorbringen von „wahrhafter Tugend" (Symp. 212a).

2.4. *Philosophisches Empfangen, Gebären, Zeugen als bildendes Philosophieren*

Auf der Grundlage der skizzierten wertbezogenen Deutung der erotischen Praktiken gestaltet Platon das *Symposion* zur Theorie und Praxis eines Philosophierens, das in den erotischen Praktiken des Empfangens, Zeugens und Gebärens ausgeübt wird. In dieser erotischen Ausgestaltung wird Philosophie zu einer bildenden Praxis, in der sich das Glücksversprechen erfüllt, an dem sich das philosophische Begehren entzündet: im Kontext philosophischer Erkenntnisprozesse, die Klugheit zu gewinnen, in konkreten Lebenssituationen gut zu leben.

Das Zentrum des erotischen Philosophierens bildet im *Symposion* ein zentraler Satz in der Rede des Sokrates, der stark von Platons Ideenlehre bestimmt ist – sodass in ihm das erotische Philosophieren des historischen Sokrates und die Platonische Aneignung verschmelzen.* In diesem Satz verzahnt Platon die

* Friedrich Schleichermacher unterteilt den Satz in zwei Sätze und übersetzt: „Wer nämlich bis hierher in der Liebe erzogen ist, […] der wird, indem er der Vollendung in der Liebeskunst entgegengeht, plötzlich ein von Natur wunderbar Schönes erblicken, […] welches zunächst immer ist und weder entsteht noch vergeht, weder wächst noch schwindet, ferner auch nicht etwa nur insofern schön, insofern aber häßlich ist, noch auch jetzt schön und dann nicht, noch in Vergleich hiermit schön, damit aber häßlich, noch auch hier schön, dort aber häßlich, als ob es nur für einige schön, für andere aber häßlich wäre. Noch auch wird ihm dieses Schöne unter einer Gestalt

Praktiken des vollkommenen philosophischen Empfangens, Zeugens und Gebärens. Auf inhaltlicher Ebene handelt er von philosophischer Empfängnis; auf sprachpragmatischer Ebene formt er einen Akt des philosophischen Zeugens, mit dem philosophische Lehrer den Adressaten des Satzes philosophisches Empfangen ermöglichen und im Leben der adressierten Schüler formt er einen Umkehr- und Wendepunkt, an dem sie die Fähigkeit gewinnen, philosophisch zu gebären.

Das *philosophische Empfangen,* das der Zentralsatz des *Symposions* zu seinem Gegenstand hat, ist eine besondere Ausgestaltung des geistigen Affiziert-, Erfüllt- und Durchdrungen-Werdens: die Schau des schlechthin Schönen. Der Satz stellt das intuitiv-kontemplative Schauen des Schönen in seinen subjektiven und objektiven Aspekten als vollkommen dar. Der subjektive Akt des Schauens sei eine vollkommene Ausgestaltung des erotischen Empfangens, da darin alle Formen der Aneignung, des In-Besitz-Nehmens und Bestimmens überwunden seien. Das Empfangen werde befreit von allen vermittelten Perspektiven ausgeübt, an die alles Ausgreifen und Bestimmen des Begegnenden gebunden sei. Zugleich mache diese vervollkommnete Erkenntnisform die begegnende Wirklichkeit in ihrer vollkommenen Schönheit zugänglich. Die philosophische Kontemplation bilde damit ein geistiges Empfangen, für das die innere Schönheit und Stimmigkeit des Kosmos zugänglich werde. Eingesehen werde die innere Ordnung, die allem seinen Sinn bzw. seine Bestimmung verleiht.

---

erscheinen, wie ein Gesicht oder Hände oder sonst etwas, was der Leib an sich hat, noch wie eine Rede oder eine Erkenntnis, noch irgendwo an einem anderen seiend, weder an einem einzelnen Lebenden noch an der Erde, noch am Himmel; sondern an und für und in sich selbst ewig überall dasselbe seiend, alles andere Schöne aber an jenem auf irgendeine solche Weise Anteil haben, daß, wenn auch das andere entsteht und vergeht, jenes doch nie irgendeinen Gewinn oder Schaden davon hat noch ihm sonst etwas begegnet“ (Symp. 210e–211c).

Die Bedeutung des Zentralsatzes für das erotische Philosophieren des *Symposions* geht in seiner inhaltlichen Darstellung philosophischen Empfangens nicht auf. Auf sprachpragmatischer Ebene – im Verhältnis von Sokrates zu seinen Hörern bzw. von Platon zu seinen Lesern – fungiert der Satz vielmehr darüber hinaus als Abschluss und Höhepunkt einer *genuin philosophischen Zeugungspraxis.* Dieses philosophische Zeugen, für das Sokrates anderweitig auch den Begriff der geistigen Hebammenkunst gebraucht, üben philosophische Lehrer in philosophischen Schülern aus (vgl. Theätet 149e–151d). Im *Symposion* geschieht es auf mehreren Stufen, auf denen philosophische Lehrer – von Sokrates bis Platon – ihre Schüler bei der Vervollkommnung ihres erotischen Begehrens und Empfangens unterstützen.

Auf einer ersten Stufe philosophischen Zeugens wenden sich die philosophischen Lehrer – Sokrates wie Platon – jungen Männern zu, in deren ganzheitlich-personaler Schönheit sich ihre erotische Affizierbarkeit ausdrückt. Diese erotisch vielversprechenden jungen Männer lassen sie ihr erotisches Begehren bewusst erleben. Während des Gastmahls findet diese erotische Vorbereitung im Verlauf der Ereignisse statt, die dem Reden des Sokrates vorausgehen und dieses – inhaltlich wie erotisch – vorbereiten. Seine Gesprächspartner lässt Sokrates ihr philosophisches Begehren nach Wissen bewusst erfahren, indem er eine Gesprächssituation konstruiert, in der sie ihn um eine genuin philosophische Rede bitten.

In einem zweiten Schritt verwickeln philosophische Lehrer ihre Schüler in philosophische Streitgespräche, in denen sie sie mit Mitteln philosophischer Kritik von Vorurteilen insbesondere über ein glückliches, gelingendes Leben und über die Funktion des Erotischen für ein gelingendes Leben befreien. In anderen

Platonischen Dialogen veranschaulicht Sokrates diese kritische Lehrtätigkeit mit den Bildern der Stechfliege und des Zitterrochens (vgl. Apologie, 30e, Menon, 79e7ff). Diese Bilder werden in den Dialogen im zweiten Teil meines Buchs ausführlich behandelt werden. Im Rahmen des *Symposions* führt Sokrates solch ein kritisches Lehrgespräch mit seinem Vorredner Agathon, bevor er mit seiner eigentlichen Rede beginnt. In diesem Vorgespräch führt er Agathon die inneren Widersprüche seiner theoretischen Auffassungen über Liebe, Glück und Schönheit vor Augen. Mit solcher Kritik bereiten philosophische Lehrer ihre Schüler auf philosophische Empfängnis vor. Sie befähigen sie dazu, theoretische Festlegungen zu überwinden, die ihr erotisches Begehren und Empfangen behindern. Im Platonisch-Sokratischen Selbstverständnis legen sie die Eigendynamiken ihres erotischen Lebens frei, das zur Vervollkommnung tendiert: zum erotischen Begehren wahrhaft glücklichen Lebens in Zusammenhängen vollkommener Schönheit.

Auf der Grundlage dieser Vorbereitung fungiert der Zentralsatz des Sokratischen Redens während des Gastmahls schließlich als Höhepunkt des philosophischen Zeugens: als Einführung in den praktischen Akt des philosophisch vervollkommneten Empfangens. Damit der Satz diese Funktion auch tatsächlich erfüllt und den Schülern nach all ihrer erotischen Vorbereitung die mystische Schau des wahrhaft Schönen eröffnet, lässt Platon Stil und Inhalt ineinandergreifen. Der Zentralsatz des *Symposions* hat nicht nur die mystische Schau des wahrhaft Schönen zum Gegenstand, sondern ist in Länge, Syntax und Wortwahl auch seinerseits wohlgeformt – um seinen Hörern bzw. Lesern auf der Grundlage ihrer Vorbereitung und in der Eleganz des Ausdrucks nicht nur eine Theorie, sondern vielmehr auch ein tatsächliches Erlebnis mystisch-kontemplativer Empfängnis zu eröffnen.

Von Bedeutung ist der Zentralsatz schließlich auch für das Leben der adressierten Personen. Im Leben der philosophischen Schüler bildet die – von Lehrern ermöglichte – philosophische Empfängnis einen erfüllten Augenblick wahren Wissens. Wie jede Empfängnis, die in das Leben von Erotikern einbricht, markiert die intuitive Schau des wahrhaft Schönen ein Ereignis des Umbruchs bzw. der Erneuerung, an dem sich das Leben der Erotiker in ein Vorher und ein Nachher scheidet. Eine gleichnishafte Darstellung dieser Erneuerung findet sich im berühmten Höhlengleichnis (vgl. Politeia 514a–517c). Auch wenn der Augenblick der Schau, der vom wahrhaft Schönen durchdrungen ist, seinerseits zuende geht und die Erotiker in die Position zwischen Wissen und Nicht-Wissen zurückfallen, hat sich an ihrem Verhältnis zur eigenen Position etwas verändert. Im Durchgang durch die Schau lernen sie, *philosophisch zu gebären:* „wahrhafte Tugend" (Symp. 212a) hervorzubringen. Diese Reifung zur philosophischen Gebärfähigkeit darf nicht rationalistisch missverstanden werden: als ein Gewinnen von allgemeingültigen Prinzipien, Leitbildern des guten Lebens, die auf die konkreten Lebenssituationen anzuwenden wären. Solch allgemeingültige Prinzipien vermittelt die mystische Schau nämlich gerade nicht. Jede – nachträgliche – diskursive Bestimmung des geschauten Schönen wäre nur von einem begrenzten Standpunkt in Raum und Zeit zu erreichen und vermittelte damit kein universalgültiges Wissen, sondern nur eine partikulare Deutung des Guten. Im erfüllten Augenblick der mystischen Schau reifen die philosophischen Erotiker auf andere Weise. Im Zuge der Schau erneuert sich das Bezugssystem ihres Lebens. Die wahrhaft schöne Ordnung des Kosmos etabliert sich als Sinnhorizont ihrer individuellen Existenz. Bei Platon gewinnen philosophische Erotiker die Reife, Leben im Lichte der schönen kosmischen Ordnung und damit im Sinne der natürlichen Bestimmung des Mensch-Seins zu realisieren bzw. zu gebären.

Ausgeübt wird das genuin philosophische Gebären des wahrhaft guten Lebens situativ in den konkreten Lebenssituationen, in denen sich Philosophierende vorfinden. Geschult durch philosophisch-diskursive und kontemplativ-intuitive Erkenntnisprozesse erwerben sie die Lebensklugheit, ebendiese Situationen gut zu gestalten. Dabei gehören zum philosophischen Gebären „wahrhafter Tugend" (Symp. 212a) auch Lehrgespräche, in denen philosophische Lehrer begabte Schüler in geeigneten Situationen in die philosophische Erotik einführen – und der wahrhaft guten Lebensform des Philosophierens auf diese Weise mittelbar in der Generationenfolge konkrete Wirklichkeit verleihen. Als Personifikation philosophischen Gebärens begegnet Sokrates in allen Platonischen Dialogen. Besonders eindrücklich sind die Berichte über Sokrates' Leben in der Haft: die Berichte von den Erkenntnisprozessen, in denen Sokrates lernt, seine ungerechte Todesstrafe als das gute Sterben zu verstehen und auszuüben, das ihm abverlangt ist.

Damit lässt sich das – von Platon tradierte – Sokratisch-erotische Philosophieren in seinen Orientierungs- und Bildungsvollzügen übersehen. Bildung wird als erotische Bildung gedeutet und gelebt. Rationale Orientierung gewinnen Erotiker, die ihre „Liebeskunst" (Symp. 210e) vervollkommnen und ihr Begehren, Empfangen, Zeugen, Gebären philosophisch ausüben. Darin gewinnen sie nämlich die Fähigkeit, die ihr Leben situativ im Augenblick gelingen lässt: konkrete Lebenssituationen aus einer

Position zwischen Wissen und Nicht-Wissen im Lichte der schönen kosmischen Ordnung klug zu beurteilen und zu gestalten.

3. Herausforderungen und Potenziale erotischen Philosophierens in Neuzeit und Moderne

Bereits in der Antike hat insbesondere Aristoteles einen bedenkenswerten Einspruch gegen die hierarchische Ausgestaltung von philosophischer Freundschaft des *Symposions* als Freundschaft zwischen philosophischen Lehrern und Schülern erhoben: dass Platon darin kein Verständnis und keine Praxis vollkommener Freundschaft erreicht habe. Diese könne nämlich nicht zwischen Ungleichen, sondern nur auf Augenhöhe unter Menschen gelebt werden könne, die gleich an Tugenden des Charakters und des Verstandes seien (vgl. NE 1156b f.). Von Diogenes Laertius liegen Berichte über Gesprächspraktiken vor, mit denen Aristoteles eine egalitäre Ausgestaltung erotischen Philosophierens anstoßen will. An diese Praktiken werde ich im zweiten dialogischen Teil meines Buchs anknüpfen.

Die eigentliche Herausforderung an das erotisch verankerte Philosophieren, das in der Antike unter philosophischen Freunden geführt wurde, ging jedoch von sozio-kulturellen Umbrüchen in der Neuzeit aus, die auch für Aristoteles noch nicht absehbar waren. Anders als man auf den ersten Blick annehmen mag, wurde das erotische Philosophieren in der Neuzeit allerdings nicht durch empirische Befunde der sich konsolidierenden empirischen Wissenschaften unterminiert. Wie aktuelle Studien u. a. über Kopernikus, Kepler und Newton zeigen, ist die Physik auch in Neuzeit und Moderne noch von ästhetischen Erfahrungen orientiert (vgl. Müller 2019) – sodass ästhetische Erfahrungen kosmischer Schönheit auch weiterhin hätten als Sinnhorizont philosophischen Zeugens und Gebärens in Anspruch genommen werden können. Zugleich sprechen auch keine Befunde der empirischen Biologie gegen die antike Vorstellung von einer natürlichen Bestimmung menschlichen Lebens zur Vernunft. In der frühen Neuzeit wird der Organismus nämlich weiterhin – etwa vom Entdecker des Blutkreislaufs William Harvey – in Anschluss an Aristoteles als eine harmonische Einheit und nicht mechanistisch als Apparat aufgefasst, der von Gesetzen der Wirkkausalität bestimmt ist (vgl. Fuchs 1992). Der eigentliche Schlag gegen das erotische Philosophieren – aber auch gegen die Aristotelische Naturphilosophie – ging von der Philosophie aus: von der dualistischen Anthropologie des René Descartes, die dann ihrerseits Auswirkungen auf die weitere Entwicklung in den empirischen Wissenschaften haben sollte. Mit seiner dualistischen Scheidung der Sphären der „res extensa" und der „res cogitans" zieht Descartes einen Bruch in das Mensch-Sein ein, der die anthropologischen Grundlagen des erotischen Philosophierens zersetzt: die Vernunft entleiblicht und ent-erotisiert und das Erotische zum sinnlichen Trieb ent-wertet. Auf der Grundlage dieser dualistischen Anthropologie kann Philosophie nicht mehr als Praxis ausgeübt werden, die durch erotische Vervollkommnung ganzheitliche Bildung und Orientierung vermittelt.

In den philosophischen Systemen der Neuzeit wurde denn auch der – eingangs erwähnte – Bruch mit der erotischen Verankerung und Ausgestaltung von Philosophie vollzogen. Dem Mainstream der neuzeitlichen Philosophie musste sich eine Rückbindung philosophischer Auseinandersetzungen an das erotische Leben als Zersetzung der philosophischen Erkenntnisansprüche darstellen. In den Bahnen des neuzeitlichen Dualismus konnte

er nämlich im erotischen Begehren nur sinnliches Begehren, in einem gelingenden Leben nur ein Leben der Befriedigung sinnlicher Bedürfnisse und in Lebensklugheit nur die instrumentelle Geschicklichkeit finden, die eigenen Interessen effizient voranzutreiben. Zugleich trauten sich Philosophierende beflügelt vom System empirisch-messender Wissenschaften nun ein sich selbst begründendes Wissen zu, mit dem sie alle Bindungen an ihr zeit-
 liches Leben und damit alle Formen des Nicht-Wissens hinter sich lassen wollten. In den einleitend skizzierten Bildungs- und Orientierungslücken treten die problematischen Folgen dieser Entfremdung eines rationalistischen Philosophierens von den erotischen Lebenskontexten hervor.

Angesichts dieser Schwierigkeiten möchte ich die erotische Verankerung und Betätigung philosophischer Erkenntnisprozesse wiedererinnern. Gleichwohl kann meine Re-Erotisierung des Philosophierens auf keine musealisierende Art geschehen. Auch wenn keine empirischen Erkenntnisse gegen die rationalistische Ausgestaltung des erotischen Philosophierens im *Symposion* sprechen, hat sie doch Einsichten der modernen philosophischen Anthropologie und politische Umbrüche der Neuzeit und Moderne gegen sich.

In Anschluss an Helmuth Plessner werden in der philosophischen Anthropologie der Gegenwart die Grenzen des Wissens über „den Menschen" reflektiert: inmitten des Lebens können Philosophierende kein Wissen über die Stellung des Menschen im Kosmos bzw. über seine natürliche Bestimmung zu einer bestimmten Lebensweise erreichen (vgl. Plessner 1981, 154–185). Die „Unergründlichkeit der menschlichen Natur" (ebd., 175) spricht nicht nur gegen den neuzeitlichen, sie spricht auch gegen den antiken Rationalismus: gegen die Vorstellung von einer natürlichen Bestimmung „des Menschen“ zur Vernunft. Dies hat unmittelbare Konsequenzen für Platons rationalistische Ausgestaltung des erotischen Philosophierens im *Symposion*. Die Unergründlichkeit der menschlichen Natur steht nicht der Phänomenologie des Erotischen in seiner Ausrichtung auf das Schöne und das Glück bzw. ein gelingendes Leben, wohl jedoch der rationalistischen Ethik des *Symposions* entgegen: seiner Auszeichnung des philosophischen-rationalen Eros als *beste* Form des Begehrens, Empfangens, Gebärens, Zeugens. So leistet das *Symposion* zwar eine Phänomenologie der mystisch-kontemplativen Erfahrung, die nicht biologistisch durch Hinweise auf die Hirnprozesse widerlegt werden kann, die solche Erfahrungen begleiten. Die phänomenologische Einsicht, dass bestimmte Formen des erotisch-kontemplativen Empfangens die begegnende Wirklichkeit als Sinnganzes zugänglich machen, begründet jedoch nicht den Wissensanspruch, den das *Symposion* für diese metaphysisch-ästhetischen Erfahrungen erhebt: dass darin *Wissen* vom *wahrhaft* Schönen empfangen wird, das jeder diskursiven Bestimmung, allen empirischen Evidenzen überlegen ist. Genauso kann die Phänomenologie des Lebens, das Menschen im Lichte dieser Sinnkontexte führen, nicht dessen Überlegenheit gegenüber anderen Formen menschlichen Lebens begründen. Die philosophisch vermittelte Lebensklugheit lässt sich damit nicht als Klugheit zum *wahren* Glück bzw. zur *wahren* Tugend auszeichnen. Und das bedeutet schließlich auch, dass sich philosophische Lehrgespräche nicht länger als vollkommenes Zeugen verstehen lassen: als Orientierungspraktiken, mit denen philosophische Lehrer philosophische Schüler mit dem philosophischen Eros in die beste Ausgestaltung des erotischen Begehrens, Empfangens, Gebärens, Zeugens einführen.

Gegen die rationalistische Ausgestaltung des erotischen Philosophierens sprechen neben den skizzierten anthropologischen Gründen auch politische Gründe. Seit der Neuzeit hat sich eine eigenständige wertferne Sphäre gesellschaftlicher Öffentlichkeit neben den wertbezogenen Gemeinschaftsformen der Familie und der Politik ausgebildet, die die Antike bestimmt haben. In der Öffentlichkeit verkehren Fremde miteinander, die nicht
 nur unterschiedliche Liebeskünste ausüben, sondern auch keine Liebesordnung, keine Hierarchie des Begehrens, Empfangens, Zeugens, Gebärens teilen. Unter Fremden kann Begehren nicht nur als erotisches Begehren Anderer in ihrer Schönheit, sondern auch als Begehren nach Vernichtung bzw. Zerstörung der Anderen in ihrer Bedrohlichkeit ausgeübt werden. Gerade in dieser Entfremdung eröffnet die gesellschaftliche Öffentlichkeit den Einzelnen allerdings Freiheitspotenziale, auf die ich bei meiner Re-Erotisierung des Philosophierens nicht verzichten möchte. Zum einen werden die Einzelnen jenseits der Festlegungen durch Nahgemeinschaften freigesetzt, individuelle Formen des erotischen Begehrens, Empfangens, Zeugens, Gebärens zu ergreifen und auszuüben. Und zum anderen kann in der pluralistischen Öffentlichkeit die genuin politische Freiheit zur Initiative gelebt werden, zwischen Bürger:innen mit verschiedenen Perspektiven „Neues in Bewegung [zu] setzen" – wie Hannah Arendt nicht müde wird zu betonen (Arendt 1981, 215). Die Platonische Vorstellung von einer natürlichen Bestimmung des Menschen zur Vernunft steht in Konflikt mit dem Pluralismus der Öffentlichkeit (vgl. ebd., 229f.). Ein rationalistisch ausgestaltetes erotisches Philosophieren unterminierte den Pluralismus der Öffentlichkeit mitsamt seinen sozialen und politischen Freiheitspotenzialen.

Im Respekt vor der Unergründlichkeit und Pluralität menschlichen Lebens mache ich es mir zur Aufgabe, erotisches Philosophieren nicht nur zwischen Wissen und Nicht-Wissen *ohne Leitbild*, sondern auch *ohne Rückhalt* an Annahmen von einer natürlichen Bestimmung des Mensch-Seins wiederzugewinnen. Ich enthalte mich Annahmen über ein genuin menschliches Leben und eine genuin menschliche Erotik, nehme meine geschichtliche Verankerung inmitten des Lebens ernst und wende mich den geschichtlichen Hauptgestalten des philosophischen Lebens zu, die meine Gegenwart bestimmen: der phänomenologischen Philosophie, der analytischen Philosophie, der Hermeneutik und der kritischen Theorie der Gesellschaft. Jenseits der Platonisch-Sokratischen Überhöhungen einer bestimmten Form des Philosophierens zur vollkommenen Erotik möchte ich dafür eintreten, dass sich durch eine Re-Erotisierung des pluralistischen Philosophierens der Gegenwart Potenziale philosophischer Bildung und Orientierung zurückgewinnen lassen. Ich möchte zeigen, dass philosophische Streitgespräche unter Philosophierenden unterschiedlicher Schulen als erotische Praxis ausgestaltet werden können, die ihnen ganzheitliche Lernprozesse eröffnet: Lernprozesse, in denen Philosoph:innen Lebensklugheit nicht zum allgemein menschlich Guten, wohl jedoch zu dem gut verfassten Selbst-Sein gewinnen, um das es für sie in konkreten Lebenssituationen geht. Mittelbar vervollkommnen sie damit zugleich auch ihre politische Existenz in der pluralistischen Öffentlichkeit: indem sie ihre politische Urteilsfähigkeit kultivieren und dabei u. a. auch lernen, Formen und Institutionen des Gesprächs bei unüberbrückbaren Differenzen in der Sache zu kultivieren.

In meinen Bemühungen um eine zeitgenössische pluralistische Ausgestaltung des erotischen Philosophierens kann ich zunächst an phänomenologische Einsichten des *Symposions* in den vielfältigen Wertbezug des Erotischen anknüpfen: dass erotisches Begehren in all seinen vielfältigen Ausgestaltungen im Unterschied zum Zerstörungstrieb erkenntnis- und lebenseröffnend ist; dass es zum Verständnis des Glücks befähigt, das im begehrten Schönen aufscheint; dass es zu erotischen Praktiken motiviert, die diesem Glück konkrete Gestalt verleihen; und dass im Modus des Philosophierens eine besondere Spielart des erotischen Begehrens, Empfangens, Zeugens und Gebärens ausgeübt wird. Ich kann darüber hinaus aber auch von den vielfältigen Einsichten zehren, die in der modernen Phänomenologie haben gewonnen werden können, nachdem sie die Sokratisch-Platonische Überhöhung der erotischen Praktiken zwischen männlichen philosophischen Lehrern und Schülern hinter sich gelassen hat. Im Rückgriff auf die zeitgenössische Gender-Theorie (vgl. insb. Butler 1997) kann ich mit Platon über Platon hinausgehen: seine Entkoppelung des erotischen Zeugens und Empfangens vom biologischen Geschlecht fortsetzen und seine Zuweisungen des philosophischen Empfangens an männliche Schüler, des philosophischen Zeugens an männliche Lehrer und des philosophischen Gebärens an Zirkeln philosophierender Männer überwinden (vgl. Theätet 150b). Beim Verständnis der Bildungspotenziale eines erotischen Philosophierens unter Philosoph:innen im Plural kann ich an die Einsichten einer phänomenologischen Dialogphilosophie und Sympathieethik anknüpfen: an die Einsichten in die Lernpotenziale, die Streitgespräche „auf Augenhöhe" zwischen Personen mit pluralen Perspektiven bergen; und an die Einsichten in die erkenntniseröffnende Funktion von gegenseitiger Sympathie bzw. Freundschaft im Unterschied zu Hass und Todestrieb (vgl. insb. Scheler 1923, 191–194).

4. Eine pluralistische Wiederbelebung des erotischen Philosophierens in der Gegenwart

In den folgenden Abschnitten möchte ich mein Doppelziel umsetzen, das pluralistische Philosophieren der Gegenwart erotisch zu erneuern und dabei zugleich die antike Tradition des erotischen Philosophierens pluralistisch wiederzubeleben. In einem ersten Schritt werde ich die erotischen Quellen aufdecken, von denen das philosophische Erkennen auch in seinen zeitgenössischen ent-erotisierten Ausgestaltungen zehrt. In Anschluss daran werde ich in einem zweiten und dritten Schritt die Bildungsprozesse und die rationale Orientierung skizzieren, die pluralistische Debatten vermitteln können, wenn sie bewusst als erotische Praktiken unter philosophischen Freund:innen ausgestalten werden.

4.1. *Erotische Quellen des pluralistischen Philosophierens in der Gegenwart*

Auch wenn Vertreter:innen unterschiedlicher philosophischer Strömungen die Endlichkeit der philosophischen Erkenntnisprozesse reflektieren und menschliches Leben zum Gegenstand philosophischer Untersuchungen machen, thematisieren sie die vor-philosophischen Motivationen zum Philosophieren im Allgemeinen nicht. Auf diese Weise werden die philosophischen Erkenntnisprozesse zwar vor einer Instrumentalisierung für private oder politische Interessen geschützt; zugleich wird ihnen aber auch – wie oben gesehen – die Rückbindung ins Leben und damit die Möglichkeit abgeschnitten, transformierend auf die individuellen Lebensvollzüge auszugreifen. Im Lichte der antiken Tradition des erotischen Philosophierens möchte ich diese Abstraktheit überwinden – um philosophisches Erkennen als Bildungspraxis wiederzugewinnen.

In der pluralistischen philosophischen Landschaft der Gegenwart wird das Hineingezogen-Werden ins Philosophieren als Hingezogen-Werden zu einer bestimmten philosophischen Schule gelebt. Noch bevor ihre Methoden, Theorien, Deutungen von Wirklichkeit durchdrungen und kritisch untersucht werden können, ziehen bestimmte philosophische Schulen an und andere nicht. Dies allein auf das Charisma philosophischer Lehrerinnen und Lehrer rückführen zu wollen, wäre übereilt. Philosoph:innen können auch von philosophischen Perspektiven, Methoden und Theoriegebäuden in Bann gezogen werden, denen sie im Seminar von farblosen Dozent:innen oder denen sie jenseits von direkten persönlichen Beziehungen in Büchern begegnen. Im Lichte der Platonisch-Sokratischen Phänomenologie des erotischen Begehrens lässt sich die Begeisterung für die unterschiedlichen philosophischen Schulen als vielfältige Formen des philosophischen Begehrens verstehen: als philosophisches Begehren, das sich in Positionen zwischen Nicht-Wissen und Wissen an unterschiedlichen Gestalten theoretischer Schönheit und ihren Glücksversprechen entzündet. Aus Platzgründen werde ich mich in meinen Bemühungen, ihre abgedunkelten erotischen Motivationsquellen sichtbar zu machen, auf die Strömungen der Sprachanalyse und der Phänomenologie konzentrieren.

Philosophierende können in der Gegenwart von der *innersprachlichen Schönheit* von – gelungenen – Studien der analytischen Philosophie angegezogen werden. Die Schönheit dieser Studien, in denen schillernde Schlüsselbegriffe der Lebenswelt analysiert werden, umfasst die Schönheit des sprachlichen Ausdrucks, der Argumentation, der textuellen Darstellung und der theoretischen Begriffsanalysen selbst. Das Begehren, sich in diese Analysen zu vertiefen, kann sich an der Schönheit einer klaren und einfachen Ausdrucksweise entzünden: an einer Ausdrucksweise, in der begriffliche Mehrdeutigkeiten bewusst vermieden und zentrale Begriffe präzise verwendet werden. Es kann der Eleganz ihrer stringenten, schlüssigen, kohärenten Argumentation gelten, die auf willkürliche Setzungen verzichtet, sowie der schönen Ordnung ihrer übersichtlichen, klar strukturierten textuellen Darstellung. Und schließlich kann die Schönheit der theoretisch aufgedeckten Begriffszusammenhänge selbst begeistern: die Schönheit sprachlicher Ordnungen, die hervortritt, wenn sprachliche Verwirrungen abgebaut werden. Das Glücksversprechen, das für das sprachphilosophische Begehren in solcher genuin sprachlichen Schönheit aufscheint, ist das Glück einer rationalen Lebensführung: eines Lebens, das von Gründen und nicht von den Zufälligkeiten und Verwirrungen habitualisierter Sprechgewohnheiten angeleitet ist.

In der Gegenwart können Philosophierende darüber hinaus von der *aufscheinenden Schönheit* in Bann gezogen werden, die in – gelungenen – phänomenologischen Studien begegnet. In phänomenologischen Studien soll – mit den Methoden der „Epoché" und der „Reduktion" bzw. des Zurücktretens hinter alltägliche Selbstverständlichkeiten des Erlebens und des Aufdeckens der Subjekt-Objekt-Bezüge, in denen sich diese Selbstverständlichkeiten konstituieren – Verständnis der „Sachen selbst" (Husserl) erreicht werden. Als schön kann ihr sprachlicher Ausdruck – ganz anders als in der Begriffsanalyse – in seiner Mehrdeutigkeit bzw. ihrer Metaphorik begeistern: wenn darin nicht die Schlampigkeit oder Eitelkeit der Sprechenden, sondern vielmehr Sachverhalte zum Ausdruck gebracht werden, die sich diskursiver Bestimmung entziehen. Das Begehren, in phänomenologische Studien einzutauchen, kann sich aber auch an der Schönheit ihres Erkenntnisgangs entzünden: wenn dieser von den Sinngesetzen der Sachen selbst bestimmt ist; in seinem Verlauf Schritt für Schritt Vorurteile reflektiert, kritisiert und überwunden werden, die das Verständnis behindern; und damit zugleich Erkenntnisperspektiven gewonnen werden, für die sich Wirklichkeit neu darstellt, bisher Ungesehenes sichtbar wird. Und schließlich kann die Schönheit der Sachverhalte selbst begeistern, die in phänomenologischen Studien zum Verständnis gebracht werden: die innere Sinnhaftigkeit, die die Sachverhalte selbst zeigen und die ihnen nicht von außen aufgedrückt wird. Das Glück, das die aufscheinende Schönheit phänomenologischer Studien verspricht, ist das Glück der „Weltoffenheit": eines Lebens, das nicht in individuelle oder sozio-kulturell tradierte Vorurteile abgeriegelt ist, sondern von der begegnenden Wirklichkeit angeleitet wird.

Philosophisches Begehren geht in der Gegenwart in den soeben skizzierten Formen des sprachanalytischen und phänomenologischen Begehrens nicht auf. Hermeneutisches Begehren kann dem Glück gelten, am geistigen Leben teilzuhaben, das u. a. in Werken der Philosophiegeschichte begegnet. Und sozialkritisches Begehren kann sich an dem Glück eines gerechten Lebens entzünden, das kritische Theorien gesellschaftlichen Unrechtes oder widersprüchlicher sozialer Praktiken versprechen. Vor allem können Philosophierende in der Gegenwart erotisch aber auch in pluralistische Debatten zwischen Vertreter:innen der unterschiedlichen Schulen hineingezogen werden. Sie können von der *harmonischen Schönheit* in Bann gezogen werden, die pluralistische Debatten in ihrem Verlauf gewinnen können: wenn die Gesprächsbeiträge der Diskutant:innen so ineinandergreifen, dass sich durch sie hindurch ein geteilter Erkenntnisprozess verwirklicht, den niemand allein hätte planen oder durchlaufen können. Das Glück, auf das sich das dialogische Begehren in der Schönheit des harmonischen Gesprächs richtet, ist das Glück philosophisch vermittelter Lebensklugheit: das Glück, im Plural über philosophische Schulgrenzen hinweg die Fähigkeit zu gewinnen, konkrete Lebenssituationen in ihren begrifflichen, sachlichen, sozialen Aspekten zu verstehen und zu gestalten.

Innerhalb meines Unternehmens einer Re-Erotisierung der zeitgenössischen Philosophie ist mit diesem Aufweis der erotischen Quellen philosophischer Auseinandersetzungen erst der erste Schritt getan. In der Auseinandersetzung mit dem *Symposion* hat sich gezeigt, dass erotisches Begehren für sich genommen erst die bloße Disposition zu einer bestimmten Lebensform mitsamt ihren Glückspotenzialen, nicht jedoch ihre Verwirklichung ist. Um die ganzheitliche Bildungs- und Orientierungspraxis eines erotischen Philosophierens in der Gegenwart – in pluralistischer Ausgestaltung – zu bahnen, muss die Re-Erotisierung auch die Praktiken philosophischer Auseinandersetzungen betreffen. Dieser Aufgabe werde ich mich in den folgenden Abschnitten meines Essays annehmen. Dabei ändert sich der Status meiner Überlegungen. Im Folgenden kann es nicht mehr darum gehen, unreflektierte erotische Voraussetzungen eines scheinbar durch und durch verwissenschaftlichten Philosophierens aufzudecken; es muss vielmehr darum gehen, Gestaltungsmöglichkeiten bei der praktischen Ausübung philosophischer Erkenntnisprozesse sichtbar machen: Möglichkeiten einer re-erotisierenden Ausgestaltung, die Philosophierenden in ihren philosophischen Auseinandersetzung offenstehen.

4.2. *Bildungspotenziale von erotisch erneuerten Erkenntnispraktiken*

In meinen einleitenden Überlegungen bin ich dafür eingetreten, dass das verwissenschaftlichte Philosophieren der Gegenwart von einem Bildungs- und Orientierungsdefizit eingeholt wird: dass die verwissenschaftlichten Theorien in ihrer Abstraktheit den

philosophischen Bildungsanspruch nicht einlösen können; und dass die philosophischen Schulen in ihren verhärteten Entfremdungen am Anspruch scheitern, in konkreten Lebenssituationen philosophische Orientierung zu vermitteln. Im jetzigen und im folgenden Abschnitt möchte ich nacheinander zeigen, dass Philosophierende ihre philosophischen Auseinandersetzungen als Bildungs- und als Orientierungspraxis wiedergewinnen können, indem sie ihre individuellen Erkenntnispraktiken und ihre Verhältnisse zu Vertreter:innen anderer Schulen erotisch erneuern.

Wenn Philosophinnen und Philosophen in ihrer Erotik nicht durch biologistische Vorurteile eingeschränkt werden, dann können sie nicht nur ihr – unterschiedlich ausgestaltetes – philosophisches Begehren als motivationale Quelle ihres Philosophierens reflektieren; sie können darüber hinaus auch ihre philosophischen Erkenntnispraktiken erotisch erneuern – um dem philosophischen Glück Wirklichkeit zu verschaffen, von dem sie angezogen sind. Indem sie ihre Erkenntnispraktiken im Lichte des *Symposions* als Praktiken des erotischen Empfangens, Zeugens und Gebärens ausgestalten, können sie die *Abstraktheit gegenüber dem Leben* überwinden, die die Bildungsmöglichkeiten eines verwissenschaftlichten Philosophierens untergräbt: ihre Entfremdung von der begegnenden Wirklichkeit, den Anderen und von sich selbst bzw. dem eigenen Leben.

Die *Entfremdung von der begegnenden Wirklichkeit* können Philosophierende unterlaufen, indem sie ihre analytischen, phänomenologischen, hermeneutischen oder sozialkritischen Studien erotisch als unterschiedliche Praktiken genuin *philosophischen Empfangens* ausgestalten. Für eine empfangende Begriffsanalyse oder Phänomen-Erkundung kann zwar nicht der Platonisch-Sokratische Anspruch auf intuitive Empfängnis der wahrhaft schönen kosmischen Ordnung erhoben werden. Erotisch als Empfangen aufgefasst und ausgedeutet reduzieren sie sich aber auch nicht auf abstrakte Analysen von vereinzelten Begriffen oder phänomenologische Erhellungen von beliebigen Phänomenen. Indem Philosophierende ihre Erkenntnisakte als Akte philosophischen Empfangens ausüben, halten sie vielmehr die Bindungen ihres Erkennens an die begegnende Wirklichkeit fest: sie üben ihr philosophisches Erkennen als ein Erkennen aus, das ihren Zugang zu bestimmten – begrifflichen, sachlichen, sozialen – Aspekten der Wirklichkeit verschafft. Solch ein empfangendes Erkennen stellt eine *semi-aktiv-passive Praxis* dar: es lässt sich zwar vorbereiten, nicht jedoch machen, konstruieren, sondern es stellt sich ein und lässt die begegnende Wirklichkeit neu aussehen. Dabei kann die erotische Erneuerung zu einem empfangenden Erkennen nur gelingen, wenn die Philosophierenden sich mit Fragen auseinandersetzen, die in irgendeiner Weise relevant für das Verständnis der Wirklichkeit sind – und sich nicht in akademischen Spiegelfechtereien verlieren.

Die *Entfremdung von ihren intersubjektiven Verhältnissen* können Philosophinnen und Philosophen hinter sich lassen, indem sie ihre Akte der Vermittlung von philosophischen Erkenntnissen – ihre Vorträge, Debattenbeiträge und schriftlichen Texte – zu erotischen Akten *philosophischen Zeugens* ausgestalten. Zwar können philosophische Redner:innen und Schriftsteller:innen in der Gegenwart nicht beanspruchen, mit ihren begrifflichen Analysen, phänomenologischen Erkundungen oder Sozialkritiken in einem Sokratisch-Platonischen Sinne in ihren Hörer:innen oder Leser:innen als philosophischen Schüler:innen zu zeugen: sie in vollendetes empfangendes Erkennen des schlechthin Schönen und Guten einzuführen. Ihre philosophischen Äußerungen können jedoch in einem *befähigenden* Sinne Akte philosophischen Zeugens bilden: indem Philosophierende sich mit ihren Äußerungen an andere Philosophierende wenden, diese in ihre Methoden, Perspektiven, inhaltlichen Erkenntnissen einführen und sie dazu in Stand setzen, ihre Erkenntnisprozesse kritisch mit- und weiterzuverfolgen. Solch ein zeugendes Sich-Äußern stellt einen *intersubjektiven Dialogprozess* dar, an dem die Sich-Äußernden und die Adressierten beteiligt sind. Damit philosophische Äußerungen als solche dialogische Akte befähigenden Zeugens gelingen können, dürfen sie nicht ins Leere gesprochen sein, sondern müssen die Adressierten ansprechen, erreichen und in die philosophischen Auseinandersetzungen hineinziehen. Sie dürfen nicht die Form anonymer beziehungsloser Präsentationen von Forschungsergebnissen annehmen, sondern müssen – als Beziehungsakte – die adressierten Anderen in ihren Perspektiven, Methoden und theoretischen Auffassungen „abholen“ und durch ihre schöne Ausgestaltung erotisch zum Mit-Philosophieren motivieren.

Und schließlich können Philosophinnen und Philosophen die *Entfremdung* ihrer analytischen, phänomenologischen, hermeneutischen oder sozialkritischen Studien *von ihrem eigenen Leben* überwinden, indem sie sie zu erotischen Akten *philosophischen Gebärens* ausgestalten. Wenn sie gebärend philosophieren, dann lassen sie eine philosophische Praxis hinter sich, in der philosophisches Erkennen als Konstruktion wissenschaftlicher Theorien praktiziert wird, die ohne Relevanz für ihr eigenes Leben sind. Dabei kann es für Philosoph:innen in der Gegenwart wiederum nicht darum gehen, philosophisches Gebären in einem Platonisch-Sokratischem Verständnis als Verwirklichung von „wahrer Tugend" aufzufassen. Jenseits solcher Überhöhungen der philosophischen Erotik können Philosophierende in der Gegenwart ihre begrifflichen Analysen, phänomenologischen Erkundungen, hermeneutischen Studien und Sozialkritiken allerdings in einem *transformativen* Sinne als Akte philosophischen Gebärens ausüben: als Erkenntnisprozesse, die sie in ihrem Denken, Sehen, Sprechen, Verstehen, Urteilen, Handeln erneuern – wenn auch nicht zum wahren Erkennen und zur wahren Tugend vervollkommnen. Solch ein erneuerndes Philosophieren formt einen *existenziell verankerten Erkenntnisprozess*, in dessen Verlauf Begriffsanalyse, Phänomen-Erhellung, Sozialkritik, hermeneutische Studie auf die Existenz der philosophierenden Person ausgreifen und sie in bestimmter Hinsicht verändern: in ihrem Erleben, Begehren, Urteilen, Denken, Wollen, Handeln. Dabei kann philosophisches Erkennen freilich nur dann als solch eine transformative Gebärpraxis gelingen, wenn sich die Philosophierenden mit inhaltlichen Fragen auseinandersetzen, in denen sie sich als Person auf irgendeine Weise wiederfinden können.

Zusammenfassend lässt sich festhalten, dass Philosophierende die Entfremdung ihrer theoretischen Studien von ihrem Leben überwinden können, wenn sie diese als erotische Praktiken ausgestalten. Sie üben Philosophie damit in einer Weise aus, die das Bildungsdefizit eines verwissenschaftlichen Philosophierens hinter sich lässt. Ihre philosophischen Auseinandersetzungen können auf ihre Verhältnisse zu der begegnenden Wirklichkeit, zu den Anderen und zu sich selbst übergreifen und diese transformieren. Im Lichte des Platonisch-Sokratischen Philosophierens werden allerdings auch die Grenzen ihrer erotisch erneuerten Auseinandersetzungen deutlich. Im *Symposion* fallen die philosophische Ausgestaltung des Eros und die Vervollkommnung der individuellen Lebensführung in eins: die Praxis erotischen Philosophierens soll den Philosophierenden die Lebensklugheit vermitteln, in konkreten Lebenssituationen „wahre Tugend" zu verwirklichen. Ohne Rückhalt an einer natürlichen Bestimmung des menschlichen Lebens zur Vernunft bricht diese Verzahnung in der Gegenwart auf. Die Veränderungen, die erotisch erneuerte Erkenntnisprozesse eröffnen, bleiben an die partikularen Erkenntnisstandpunkte der Philosophierenden und die einseitigen Methoden, Perspektiven und Wissensbestände ihrer Schulen gebunden. Erotisch als Praktiken des philosophischen Empfangens, Zeugens und Gebärens ausgeübt mögen sie die Philosophierenden wohl in bestimmten Hinsichten verändern, sie vermitteln ihnen damit jedoch nicht zugleich auch rationale Lebensorientierung bzw. die Fähigkeit, konkrete Lebenssituationen klug zu beurteilen und zu behandeln. Folglich erfüllen solche philosophischen Auseinandersetzungen aber auch die Glücksversprechen nicht, die die Philosophierenden in ebendiese Auseinandersetzungen hineingezogen haben: das Glück eines Lebens, das von Gründen und nicht von individueller Willkür angeleitet ist; bzw. eines Lebens, das weltoffen und nicht von individuellen oder sozio-kulturellen Vorurteilen korrumpiert ist; oder eines Lebens, das jenseits von Verstrickungen in Herrschaftsbeziehungen gerecht ist.

4.3. *Orientierungspotenziale von erotisch erneuerten Streitgesprächen*

Ich bin mit dem Anspruch angetreten, dass sich durch eine Re-Erotisierung des zeitgenössischen Philosophierens nicht nur die Bildungs-, sondern auch die Orientierungsdefizite überwinden lassen, von denen ein verwissenschaftlichtes Philosophieren eingeholt wird. Dem ersten Problem können Philosophierende auf
sich selbst gestellt durch Re-Erotisierung ihrer philosophischen Praktiken begegnen, dem letzteren – wie wir gerade gesehen haben – nicht. Sie können es allerdings im Plural angehen: indem sie ihre Verhältnisse zwischen Vertreter:innen unterschiedlicher philosophischer Schulen erotisch zu einer Streitkultur unter philosophischen Freund:innen ausgestalten. Im Streit unter philosophischen Freund:innen mit pluralen Perspektiven, Methoden und theoretischen Deutungen können sie einander von den Blindheiten ihrer Schulen befreien und miteinander Lernprozesse durchlaufen, in denen sie rationale Lebensorientierung bzw. die Lebensklugheit gewinnen, in konkreten Lebenssituationen umsichtig zu urteilen und zu handeln. Auf diese Weise können sie ein zentrales Problem unterlaufen, aus dem sich der Orientierungsausfall des ent-erotisierten Philosophierens der Gegenwart speist: dass Pluralismus unter den Vertreter:innen unterschiedlicher Schulen und Weltanschauungen als Gegen- oder stummes Nebeneinander entfremdeter Blöcke gelebt wird, zwischen denen kein konstruktiver Austausch mehr möglich ist. Im freundschaftlichen Streit brechen Philosophierende solche verhärteten Blockbildungen auf; und zugleich pluralisieren und demokratisieren sie philosophische Freundschaft unter Vertreter:innen unterschiedlicher Schulen gegenüber der Platonisch-Sokratischen

Ausgestaltung als Lehr-Beziehung zwischen männlichen Lehrer- und Schüler-Freunden. Gerade in dieser pluralistisch-demokratischen Ausgestaltung ihrer Freundschaftsbeziehungen können sie ohne Rückhalt an einer natürlichen Bestimmung menschlichen Lebens von- und miteinander lernen – und auf diese Weise philosophische Lebensorientierung gewinnen.

Ihre Verhältnisse unter Vertreter:innen unterschiedlicher Schulen können Philosophierende in drei Schritten erotisch erneuern – und auf diese Weise zu Orientierungspraktiken geteilten Lernens unter philosophischen Freund:innen ausgestalten. In einem ersten Schritt müsste die Reflexion auf die Grenzen ihrer jeweiligen Schule, rationale Lebensorientierung zu eröffnen, die Philosophierenden in ihrem erotischen Begehren verändern. Jenseits ihrer Schulgrenzen müsste in ihnen das pluralistisch-dialogische Begehren nach schönen Debatten zwischen Vertreter:innen unterschiedlicher Schulen erwachen, in denen sie das Glück gewinnen können, das ihnen ihre eigene Schule in ihrer Begrenztheit verwehrt: das Glück der nur im Plural zu erlernenden Lebensklugheit, konkrete Lebenssituationen in all ihren begrifflichen, sachlichen, geistig-kulturellen, sozialen Aspekten zu verstehen und zu gestalten.

Von diesem dialogisch erneuerten Begehren motiviert können sie lernen, ihre Einstellungen zu den Anderen erotisch zu erneuern. Hingezogen zu schönen Debatten können sie ihre wechselseitigen Ressentiments überwinden: einander – offen oder klammheimlich – als eitle Lehnstuhl-Philosoph:innen, engstirnige Intelligenzbolzen oder Politiker:innen zu verachten, deren Überlegungen keinen wissenschaftlichen Standards genügen, philosophisch nicht anschlussfähig oder verbohrt sind. Und damit zugleich können sie lernen, einander als philosophische

Freund:innen zu begegnen: als ernsthafte Philosoph:innen, die in all der Verschiedenheit ihrer Methoden und Perspektiven das philosophische Begehren teilen, durch philosophische Auseinandersetzungen rationale Lebensorientierung zu gewinnen. Sie verstehen und bejahen einander damit als Philosophierende, denen es in theoretischer Hinsicht um keine bloßen Phantasmen, ideologische Erzählungen oder eitle Geschichtchen, sondern um *wahre* Erkenntnisse, und in praktischer Hinsicht um solche Erkenntnisse geht, die ihre Lebensführung *klüger machen.*

Freilich ist eine wohlwollend-bejahende Einstellung den Anderen gegenüber noch keine praktizierte Freundschaft. Allerdings können Philosophierende unterschiedlicher Schulen untereinander eine Praxis philosophischer Freundschaft anfangen, wenn sie in einem dritten Schritt ihr schweigendes Nebeneinander aufgeben, ihrem Begehren nach pluralistischen Debatten folgen und beginnen, miteinander über geteilte Fragen zu streiten. Bei der Ausgestaltung ihrer Streitgespräche zu einer freundschaftlich-pluralistischen Streitkultur könnten sie von ihrem Wissen um ihre wechselseitige Angewiesenheit und von ihrer freundschaftlichen Haltung zueinander zehren. Vor diesen erotischen Hintergründen können Vertreter:innen unterschiedlicher Schulen die Pluralität ihrer Standpunkte zwischen Wissen und Nicht-Wissen nämlich ins Positive wenden und einander bei der Vervollkommnung ihres Erkennens unterstützen – ohne dabei auf ein Leitbild guten Lebens oder Annahmen von einer natürlichen Bestimmung menschlichen Lebens zur Vernunft zurückzugreifen.

Bei der Realisierung dieser vervollkommnenden Streitkultur kommt der wechselseitigen Kritik eine zentrale Funktion zu. In Debatten, die zwischen entfremdeten Schulen geführt werden, läuft Kritik immer Gefahr, bestehende Blockbindungen noch zu verhärten: von den Kritisierenden in polemischer Absicht ausgeübt zu werden, um in der Diskussion einen „Punktsieg" zu erringen; und komplementär dazu von den Kritisierten durch Beharren auf dem Eigenen, auf der – womöglich zurecht – kritisierten Perspektive, Methode oder Theorie beantwortet zu werden (vgl. Esser 2017). Unter Freund:innen sieht dies anders aus: unter philosophischen Freund:innen kann wechselseitige Kritik von einem Katalysator wechselseitiger Verhärtung zu einem Motor und Instrument geteilten Lernens werden. Im kritischen Aufeinander-Antworten können die streitenden Freund:innen die Anderen von deren Vorurteilen, Blindheiten, Missverständnissen oder Verkürzungen befreien; und sich zugleich selbst durch die Anderen von eigenen inhaltlichen und methodischen Unzulänglichkeiten befreien lassen. Auf diese Weise können sie die Pluralität ihrer unterschiedlichen Methoden, Perspektiven und Wissensbestände ins Positive wenden und Schritt für Schritt miteinander ihr philosophisches Empfangen und Zeugen vervollkommnen. Im konstruktiven Streit können sie nämlich nicht nur ihr theoretisches Verständnis, sondern auch die Art ihres Erkennens verbessern und erweitern: zu einem Erkennen, das in Begriffsanalysen *und* Phänomen-Erhellungen *und* Sozialkritiken *und* hermeneutischen Studien ausgeübt wird. Auf diese Weise gewinnen sie neue, bessere, umfassendere und angemessenere Zugänge zu der und Erkenntnisse von der Wirklichkeit und vervollkommnen zugleich ihre praktisch-existenzielle Lebenshaltung zu sich selbst, den Anderen und der Welt. Diese dialogische Vervollkommnung umfasst auch ihre Kritik- und Sprachfähigkeit, sodass sie ihr Zu-den-Anderen-Sprechen zu einer philosophischen Geburtshilfe perfektionieren, die die Anderen bei der Vervollkommnung ihres philosophischen Erkennens wirklich unterstützt.

In dieser Lernspirale, in der die Prozesse der Vervollkommnung des empfangenden Erkennens und zeugenden Belehrens ineinandergreifen, können die philosophischen Freund:innen Schritt für Schritt geteilte Lernprozesse durchlaufen. Von- und miteinander können sie nicht nur lernen, besser zu erkennen, sondern zugleich auch ihre existenzielle Lebenshaltung und ihr praktisches Beurteilen und Gestalten konkreter Lebenssituationen verbessern. Dabei ist dieses Erlernen von Lebensklugheit nie fertig. Aufgrund ihrer Verankerung im Leben lässt sich Lebensklugheit auf kein Set von lehr- und lernbaren Begriffen, Methoden und Techniken des Urteilens und Handelns beschränken. Vielmehr muss Lebensklugheit immer immer aufs Neue kultiviert werden: im Angesicht unvorhersehbarer Lebensherausforderungen und in unterschiedlichen Kontexten philosophischer Debatten.

Die Klugheit, die philosophische Freund:innen in geteilten Lernprozessen gewinnen, betrifft sowohl ihre individuelle als auch ihre politische Existenz. Bei der Gestaltung der individuellen Existenz unterscheidet sich die Klugheit, die philosophische Freund:innen miteinander einüben, grundlegend von der Anwendung von allgemeingültigen Leitbildern des guten Lebens und vom Befolgen von Expert:innen-Ratschlägen. Ihre Klugheit zeichnet sich nicht dadurch aus, allgemeine Gesetze auf eine konkrete Lebenssituation anzuwenden, sondern vielmehr durch die Fähigkeit, in konkreten Lebenssituationen – und gerade auch in unübersichtlichen, existenziell bedrohlichen Grenzsituationen – die Prinzipien aufzuspüren, die es bei ihrer Beurteilung und Gestaltung zu berücksichtigen gilt. So kann etwa in philosophischen Debatten über gelingendes Sterben die Klugheit erworben werden, die konkreten Akte und Formen des Sterbens zu verstehen und umzusetzen, um die es individuell zu bestimmten

Zeitpunkten des Lebens geht. Dabei können die individuellen Formen und Akte des Sterbens nicht nur sehr unterschiedlich sein, sondern sich v. a. auch verbreiteten Leitbildern widersetzen: etwa den Vorstellungen, dass ein gutes Sterben immer friedlich und versöhnt mit den Angehörigen zu verlaufen hat.

Ebenso unterscheidet sich die Klugheit, die philosophische Freund:innen miteinander bei der Gestaltung der politischen Dinge gewinnen, von einem Philosophen-Königtum oder einer Expert:innen-Herrschaft. Sie besteht nicht darin, alternativlose Handlungsweisen von allgemeinen Leitbildern der Gerechtigkeit oder von wissenschaftlichen Evidenzen „abzuleiten". Indem sie ihre Weisen des Urteilens und Sprechens in philosophischen Debatten schulen, werden sie vielmehr fähig, in der Öffentlichkeit als Anwält:innen des politischen Pluralismus zu agieren. Zum Wohle des politischen Pluralismus können sie in der Öffentlichkeit nicht nur Verkürzungen laufender Debatten reflektieren und bisher abgeblendete Aspekte in die geteilten Analysen einspeisen; sie können auch innere Widersprüche sozialer Praktiken sichtbar machen und auf diese Weise gesamtgesellschaftliche Lernprozesse anstoßen (vgl. Jaeggi 2014). Insbesondere können sie mit klugen öffentlichen Stellungnahmen dazu beitragen, immer aufs Neue die Polarisierungen aufzubrechen, zu denen die öffentlichen Debatten tendieren, da sie – im Unterschied zu den freundschaftlich-philosophischen Streitgesprächen – nicht vom geteilten erotischen Begehren getragen sind, voneinander zu lernen. Durch ihre freundschaftlich-philosophische Streitkultur geschult, können sie in der Öffentlichkeit nämlich für den Erhalt von Formen und Institutionen des öffentlichen Gesprächs einstehen, wenn sich inhaltliche Differenzen zwischen gesellschaftlichen Gruppierungen nicht überwinden lassen.

Und schließlich umfasst die Lebensklugheit, die philosophische Freund:innen im Plural erwerben können, auch ihre geteilte Lernbereitschaft gegenüber der Öffentlichkeit. Gerade da die orientierende Streitkultur des erotischen Philosophierens nur im Plural aus unterschiedlichen Perspektiven und mit verschiedenen Methoden ausgeübt werden kann, muss sie nämlich immer aufs Neue vor Schließungen bewahrt werden: vor der Gefahr, sich in intellektuelle „Echokammern" zu verkehren, in denen die Diskutierenden einander nicht mehr kritisch von ihren Vorurteilen befreien, sondern vielmehr in ihnen bestärken. In seiner pluralistischen Anlage ist erotisches Philosophieren zur politischen Öffentlichkeit hin geöffnet und die philosophischen Erotiker:innen verhalten sich gegenüber der Öffentlichkeit lernbereit, da sie sich auf Kritik durch politische Aktivist:innen angewiesen wissen.

Im zusammenfassenden Rückblick zeigt sich: wenn Philosophierende die pluralen Praktiken ihres Philosophierens erotisch zu Praktiken eines philosophischen Empfangens, Zeugens, Gebärens unter philosophischen Freund:innen erneuern, dann können sie die Bildungs- und Orientierungsdefizite eines verwissenschaftlichten Philosophierens unterlaufen. Sie werden durch die philosophischen Auseinandersetzungen, die sie im Plural – mit verschiedenen Methoden und Perspektiven – führen, nicht nur verändert, sondern verbessert. Miteinander lernen sie, konkrete Situationen ihres individuellen oder politischen Lebens umsichtig zu beurteilen und klug zu gestalten. Gemeinsam verleihen sie so dem Glück rationaler Lebensorientierung konkrete Gestalt, an dem sich ihr erotisches Begehren nach pluralistischen Debatten entzündet hat.

5. Die Darstellungsform des vorliegenden Essays und ihre Grenzen

Der Zweck, den ich im vorliegenden Text verfolge, stellt Ansprüche an die Art meines Schreibens. Um mit seiner Hilfe eine pluralistische Wiederbelebung des erotischen Philosophierens anzustoßen, muss ich meinen Text zum Mittel einer Praxis erotischen

Philosophierens ausgestalten. Ich muss ihn zu einem Instrument formen, mit dem ich Sie – die Sie diese Zeilen gerade lesen – in meine Auseinandersetzungen hineinziehe und dazu befähige, meine Anstrengungen um eine Re-Erotisierung des zeitgenössischen Philosophierens kritisch mitzuvollziehen. Dafür muss ich Sie nicht nur in Ihrem philosophischen Begehren und Ihren philosophischen Praktiken, sondern auch in Ihren Erwartungen an eine genuin philosophische Darstellungsform „abholen". Aus diesem Grund habe ich meinem Buch in seiner ersten Hälfte die Form eines Traktats gegeben, da diese Darstellungsform das zeitgenössische Philosophieren – und wohl auch Ihre Vorstellungen von einem philosophischen Text – bestimmt.

Der Traktat hat sich als Form philosophischer Darstellung in der Neuzeit zusammen mit der Verwissenschaftlichung von Philosophie durchgesetzt. In Traktaten wurden die neuzeitlichen Systeme zur Darstellung gebracht, die allgemeingültiges, philosophisches Wissen nach dem Vorbild der empirischen Wissenschaften generieren sollten (vgl. Hösle 2006, 24). Der Traktat wurde für die neuzeitliche Philosophie aufgrund seiner besonderen Eignung attraktiv, komplexe philosophische Argumentationen darzustellen, in denen Begriffe klar, präzise und distinkt analysiert und verwendet werden. Auch wenn der Traktat weiterhin die dominierende Darstellungsform ist, gerät er jedoch zusammen mit dem überzogenen Wissensideal der neuzeitlichen Philosophie zunehmend in die Kritik (vgl. Nussbaum 1990, 3–53). Dies hat nicht zuletzt auch damit zu tun, dass er weit schlechter für die Präsentation phänomenologischer Erkundungen als für die Darstellung von begrifflichen Analysen taugt.

Indem der Traktat allein die rationalen Fähigkeiten der Schriftsteller:innen und Leser:innen aktiviert, die emotionalen, erotischen und intersubjektiven Aspekte ihres Person-Seins aber gerade zum Verstummen bringt, eignet er sich nur in begrenztem Maße als literarische Darstellungsform für mein Projekt einer Wiederbelebung erotischen Philosophierens. Zwar mag es mir – mit Glück und Unterstützung von Freund:innen – gelungen sein, Ihnen eine Theorie über erotisches Philosophieren in Geschichte und Gegenwart vorzutragen; eine Praxis erotischen Philosophierens habe ich damit unter uns jedoch noch nicht angefangen. Im vorliegenden Traktat war es mir nicht möglich, Prozesse eines bildenden Philosophierens unter philosophischen Freund:innen für Sie mitvollziehbar zu machen. Dafür wäre eine Form verlangt, in der Entwicklungen in ihrem zeitlich-prozessualen Verlauf dargestellt werden können. Und genauso wenig konnte ich in dieser Textgattung unser Verhältnis – als Autorin und Leser:innen – zu einem Verhältnis philosophischer Freundschaft erneuern: zur Praxis einer pluralistischen Streitkultur unter philosophischen Freund:innen, die auf uns als ganze Personen übergreift. Dafür bräuchte ich eine Form, in der wir einander nicht nur als rationale Subjekte, sondern als die leibhaftigen Personen begegnen können, die wir sind.

Damit wird deutlich, dass das vorliegende Essay nur die erste Stufe innerhalb meines Bemühens um eine pluralistische Wiederbelebung des erotischen Philosophierens darstellen kann.

Auf diesen ersten Schritt kann ich nicht verzichten, wenn ich Sie in Ihren Erwartungen an einen philosophischen Text „abholen“ und in meine Auseinandersetzungen hineinziehen will; zugleich darf ich dabei jedoch nicht stehen bleiben, wenn ich ein erotisches Philosophieren tatsächlich wiederbeleben will. Um Ihnen erotisches Philosophieren nicht nur theoretisch vorzustellen, sondern vielmehr unter uns – Ihnen und mir – auch *in actu* als philosophische Praxis anzufangen, werde ich im zweiten Teil meines Buchs die Form des Traktats aufgeben und die Darstellungsform eines gerahmten Dialogs neu aneignen, die Platon im *Symposion* gebahnt hat. Dabei setze ich auch in formaler Hinsicht mein Doppelprojekt fort, das zeitgenössische Philosophieren erotisch und die Platonisch-Sokratische Tradition erotischen Philosophierens pluralistisch zu erneuern.

Die Platonische Form des gerahmten Dialogs ermöglicht es mir, meine Rolle Ihnen gegenüber und unser Verhältnis zueinander erotisch auszugestalten. In dieser Form kann ich unser Verhältnis von einem Verhältnis zwischen entleiblichten Vernunftsubjekten in ein Verhältnis unter philosophischen Erotiker:innen überführen. Dabei möchte ich Sie mithilfe eines (fiktiven) Rahmengesprächs unter Nachbar:innen zunächst in Ihrem vor-philosophischen Leben „abholen“. Dieses Gespräch gestalte ich zu einem Gespräch unter politischen Freund-Feind:innen über politische Klugheit und die Beiträge von Philosoph:innen zu einer politischen Klugheitskultur aus. Damit möchte ich in Ihnen das erotische Begehren wecken, an philosophischen Praktiken teilzuhaben, in denen Philosophierende die Fähigkeit gewinnen, konstruktive Beiträge zu einer politischen Klugheitskultur zu leisten. Auf der Grundlage dieser erotischen Vorbereitung erzähle ich Ihnen in einem zweiten Schritt von einem (fiktiven) *Symposion*, in dessen Verlauf philosophische Freund:innen miteinander Lebensklugheit lernen. Mit dieser Erzählung ermögliche ich es Ihnen, die Bildungsprozesse eines erotischen Philosophierens mit zu durchleben. Wenn mir diese narrative Einführung gelingt, dann können Sie am Ende des Buchs nicht nur – wie zum jetzigen Zeitpunkt – anders über Erotik und Philosophie denken; vielmehr haben Sie dann auch begonnen, philosophische Formen der Erotik zu leben und Philosophie als pluralistische Bildungspraxis auszuüben, die Sie verändert und Ihnen rationale Lebensorientierung eröffnet.

Zugleich verbietet es mir die pluralistische Anlage des erotischen Philosophierens, um das es mir geht, Platons Darstellungsform ungebrochen zu übernehmen. Platon wollte mithilfe des *Symposions* als philosophischer Lehrer in seinen Lesern zeugen. Obgleich er fiktive Dialoge erzählt hat, hat er das Verhältnis zu seinen Lesern nicht als Dialog, sondern nur als einseitig adressierte Lehrschrift ausgestaltet. Dass es sich beim *Symposion* um eine Lehrschrift handelt, mit deren Hilfe er als Lehrer-Freund in ihnen philosophisch zeugen will, lässt Platon seine Leser mithilfe seines Rahmengesprächs verstehen. Das Rahmengespräch des *Symposions* hat die Praxis zum Gegenstand, vom Zeugen des philosophischen Ur-Lehrers Sokrates zu berichten. Das Berichten vom Sokratischen Zeugen stellt es seinerseits als philosophische Zeugungspraxis dar: als das philosophische Zeugen, das die Schüler des Sokrates im Verhältnis zu ihrem Publikum ausüben. Auf diese Weise macht das Rahmengespräch das Verhältnis zwischen Platon und seinen Lesern als ebensolch ein philosophisches Lehr- bzw. Zeugungsverhältnis durchsichtig. Wie oben erläutert geht es mir um eine pluralistische Wiederbelebung des erotischen Philosophierens, mit der ich diese hierarchische Ausgestaltung von philosophischer Freundschaft hinter mir lasse. Unser Verhältnis – als Autorin und Leser:innen – möchte ich dementsprechend nicht als hierarchische Lehrer-Schüler-Freundschaft, sondern vielmehr als Freundschaft unter philosophischen Freund:innen ausgestalten, in der wir miteinander im Plural lernen. In formaler Hinsicht gehe ich deswegen über die einseitige Adressierung hinaus, die Platon seinen Dia-

logen gibt. Die Dialoge im zweiten Teil meines Buchs forme ich von einer Lehrschrift, die philosophische Leser-Schüler nur zu empfangen haben, zu einem Medium des Dialogs: zum Auftakt von künftigen Streitgesprächen, die wir – nach Abschluss meiner Niederschrift und Ihrer Lektüre – untereinander führen. Damit integriere ich mein Buch in eine Streitkultur, in der wir einander auf Augenhöhe antworten, um als philosophische Freund:innen miteinander zu lernen.

Wenn Sie also nicht nur eine einleitende Theorie über erotisches Philosophieren empfangen, sondern zusammen mit mir ein erotisches Philosophieren ausüben wollen, in dem wir miteinander klüger werden, dann lesen Sie doch bitte weiter – so ungewohnt die Form des philosophischen Dialogs in der Gegenwart auch geworden sein mag.

Literatur

Theodor W. Adorno: *Ohne Leitbild. Parva Aesthetica*, Frankfurt a. Main 1967.

Hannah Arendt: *Vita activa oder Vom tätigen Leben*, München 1981.

Aristoteles: *Nikomachische Ethik* (NE), übers. und hg. von Ursula Wolf, Hamburg 2006.

Alexander Bogner: *Die Epistemisierung des Politischen. Wie die Macht des Wissens die Demokratie gefährdet*, Stuttgart 2021.

Judith Butler: *Körper von Gewicht. Die diskursiven Grenzen des Geschlechts*, Frankfurt a. Main 1997.

Andrea Esser: *Politische Urteilskraft – Zur Aktualität eines traditionellen Begriffs*, in: Deutsche Zeitschrift für Philosophie 2017, 975–998.

Thomas Fuchs: *Die Mechanisierung des Herzens*, Frankfurt a. Main 1992.

Vittorio Hösle: *Der philosophische Dialog*, München 2006.

Rahel Jaeggi: *Kritik von Lebensformen*, Berlin 2014.

Daniel Kersting: *Tod ohne Leitbild*, Paderborn 2017.

Olaf L. Müller: *Zu schön, um falsch zu sein. Über die Ästhetik in der Naturwissenschaft*, München 2019.

Martha C. Nussbaum: *Love's Knowledge. Essays on Philosophy and Literature*, New York/Oxford 1990.

Platon: *Apologie*, in: ders., Werke, Bd. 2, hg. von Gunther Eigler, Darmstadt 1990, 1–69.

Ders.: *Kriton*, in: ders., Werke, Bd. 2, hg. von Gunther Eigler, Darmstadt 1990, 71–107.

Ders.: *Menon*, in: ders., Werke, Bd. 2, hg. von Gunther Eigler, Darmstadt 1990, 505–599.

Ders.: *Phaidros*, in: ders., Werke, Bd. 5, hg. von Gunther Eigler, Darmstadt 1990, 1-193.

Ders.: *Politeia* in: ders., Werke, Bd. 4, hg. von Gunther Eigler, Darmstadt 1990.

Ders. (Symp.): *Symposion*, in: ders., Werke, Bd. 3, hg. von Gunther Eigler, Darmstadt 1990, 209–393.

Ders.: *Theätet*, in: ders., Werke, Bd. 6, hg. von Gunther Eigler, Darmstadt 1990, 1–217.

Helmuth Plessner: *Macht und menschliche Natur. Ein Versuch zur Anthropologie der geschichtlichen Weltansicht* (1931), in: Ders., Gesammelte Schriften, Bd. V, Frankfurt a. Main 1981, 135–233.

Max Scheler: *Wesen und Formen der Sympathie*, Bonn 1923.

Kapitel 2 Gespräche in philosophischer Lebenskunst, Politik und Freundschaft

1. Erstes Rahmengespräch: Gespräch über die Funktion von Philosophie für eine rationale Krisenpolitik

Setting:

Das Gespräch findet am Abend der Bundestagswahlen im Herbst 2021 in Berlin-Moabit unter drei Nachbar:innen statt, die miteinander im Fernsehen den Ausgang der Wahlen verfolgen.

An dem Gespräch beteiligt sind:

Jona: *eine junge Transfrau, die ihren Eltern dankbar für ihren geschlechtsneutralen Vornamen (dt. Taube, Friedensbringer:in) ist. Seit den Anfängen der Klimabewegung engagiert sie sich aktiv u. a. bei „Fridays for Future". Im Gespräch vertritt sie eine evidenzbasierte Politik, die in gesellschaftlichen Krisen die Maßnahmen umsetzt, die wissenschaftlich geboten sind. Sie gendert auch in der mündlichen Rede.*

Max: *Ingenieur in einem neu gegründeten Werk für E-Autos am Rand von Berlin, mittleren Alters, ein sogenannter Lebemann, geschieden, Vater einer erwachsenen Tochter, fürchtet amerikanische Verhältnisse für Deutschland durch eine starke Moralisierung aller Lebensbereiche. Im Gespräch tritt er für eine Demokratisierung der Wissenschaften ein. Er gendert nicht.*

Olivia: *Dozentin für Philosophie an einer deutschen Universität, verheiratet, Mutter zweier Kinder im Grundschulalter. Philosophisch setzt sie sich u. a. mit einem dialogisch-erotischen Philosophieren auseinander, das die Philosophierenden existenziell erneuert und in der Öffentlichkeit gesellschaftliche Lernprozesse anstößt. Im Laufe des Gesprächs führt sie Jona und Max in eine Praxis politischer Klugheit ein. Auf Wunsch von Jona und Max berichtet sie von einem Symposion über philosophische Lebenskunst, das sie in ihrer individuellen und politischen Existenzweise transformiert hat. In ihren Stellungnahmen mischt sie weibliche und männliche Formen.*

Diskussionsfragen:

Folgende philosophische Fragen bestimmen in chronologischer Reihenfolge den Lauf des Gesprächs:

a. *Was sind die philosophischen und politischen Voraussetzungen des Gesprächs zwischen Max, Jona und Olivia? [Diese Frage ist im Rahmengespräch I nur implizit präsent, explizit wird sie erst im Rahmengespräch II am Ende des Buchs thematisiert.]*

b. *Was ist gute Krisenpolitik?*
Was sind die Aufgaben und Zwecke guter Krisenpolitik?

Ist gute Krisenpolitik rational?
Inwiefern berücksichtigt sie die Evidenzen der Wissenschaften?

c. *Welche Beiträge können Philosophierende zu einer klugen Krisenpolitik leisten?*
Welche Erkenntnispraktiken und welches Wissen können Philosophierende vermitteln?
Welche personalen Dispositionen befähigt Philosophierende dazu, in der Öffentlichkeit Lernprozesse anzustoßen, die das gesellschaftliche Miteinander zum Besseren wenden? [Die Frage wird am Ende des Rahmengesprächs I aufgeworfen. Sie bildet den Anstoß für Olivias Bericht im zweiten Teil des Textes. Eine explizite Auseinandersetzung folgt im Rahmengespräch II am Ende des Buchs]

Gespräch:

Olivia: Ich glaube, auf das, wonach ihr jetzt fragt, nicht unvorbereitet zu sein.

Max: Was soll das denn jetzt … verstehe ich nicht …

Evidenzbasierte Politik: nach Jona

Jona: … egal … Habt ihr gerade die Hochrechnung gesehen? Das gibt's doch nicht! Und das im Jahr Zweitausendeinundzwanzig … wie können die Leute denn so dumm wählen? Haben die denn immer noch nichts kapiert? Ich glaub's nicht! Alle Klimawissenschaftler:innen haben vor der Wahl doch eindeutig gezeigt, dass die Klimapolitik auch von den „Grünen" vorn und hinten nicht ausreicht, um die Erderwärmung einzudämmen. Und dann wählen die sogar die AfD … nur nicht die Initiativen, die das wissenschaftlich Geforderte umsetzen würden. Na, dann grillen wir weiter schön unsre Schweinenackensteaks für 3€ das Kilo und machen ein bisschen auf Toskana in Berlin, wenn's jetzt immer so schön warm ist … und wenn's im Winter ausnahmsweise doch noch mal regnet, geht's für'n Fuffi nach Malle. Der deutsche Pöbel ist zufrieden und der globale Süden zahlt wieder mal die Zeche. Sind die naiv und denken, dass bei uns keine Klima-Migrant:innen ankommen? Oder sind die so

zynisch, dass sie die Mittel für den Bau von Mauern, Zäunen, Minen an den EU-Außengrenzen längt eingepreist haben? Wie praktisch auch, dass die Ost- und Südeuropäer:innen grad schon Erfahrungen mit Pushbacks machen – und wir können uns dann weiter moralisch entrüsten … das fühlt sie ja so gut an zum Rotwein aus Island …

Max: Wow! Was für ein Feuerwerk! War das eintrainiert? Olivia redet von ihrer Vorbereitung, aber was du da gerade hingelegt hast, das war ja die Gala-Premiere. Gezeigt wird: „Empört euch – frei nach Greta."

Jona: Wie kann man nur so selbstgefällig sein … typisch alter weißer Mann …
Olivia, was war das eigentlich für 'ne Idee von dir, uns zu einer Wahlparty einzuladen, wo wir drei uns doch gar nicht kennen, höchstens mal ab und zu an den Briefkästen begegnen?

Max: Meine Liebe … oder muss ich lieber sagen: mein:e Liebe:r? Nicht ich bin selbstgefällig, sondern ihr seid es: Du und deine Generation. Ich war schon für Umweltschutz, da wart ihr noch gar nicht auf der Welt. Weil ich Umweltschutz gut finde, habe ich jetzt auch in die E-Auto-Branche gewechselt …

obwohl meine neuen Arbeitsbedingungen viel schlechter sind als in meinem letzten Job … und ich war auch immer ein Linker … aber so wie ihr auftretet, kann ich mich gar nicht mehr dran freuen, dass es eine neue linke Bewegung gibt. Woher habt ihr nur eure Selbstgewissheit? Wieso meint ihr, allen vorschreiben zu dürfen, wie sie leben müssen? Die ganze Republik soll ein großer Prenzlberg werden: vegan, regional, divers, woke – bevor wir dann ganz aussterben, weil Kinder ja noch schlechter fürs Klima sind als argentinisches Rindfleisch und SUVs.

Jona: Ach komm: an deiner Frage zeigt sich schon deine Selbstüberhöhung: Wieso wir meinten, Anderen vorschreiben zu können, wie sie leben sollen … Wir schreiben überhaupt nichts vor. Der Punkt ist doch, dass wir uns gar nicht so wichtig nehmen: uns, unsere Gewohnheiten, Vorlieben, Erfahrungen. Es kann sich ja auch mal ein Sommer viel zu kühl anfühlen und das Jahr objektiv trotzdem zu warm sein für die Erdzyklen. Genau darin unterscheiden wir uns doch von dir und deiner Generation: Ihr wollt eure Meinung haben, euren individuellen Lebensstil, wir halten uns an die Wissenschaften. Wenn wir sagen, dass die Leute endlich anders leben müssen, dann wollen wir niemanden unsere Lebensweise aufdrücken; wir sagen dann nur das, was Wissenschaftler:innen objektiv bewiesen haben. Das einzige, was wir wollen, ist, dass die Regierungen die Maßnahmen endlich umsetzen, von denen die Wissenschaften gezeigt haben, dass sie alternativlos sind – wenn wir nicht alle den Klimatod sterben wollen.

Max: Viel bleibt für die Politik in deiner Welt ja nicht mehr zu tun. Vielleicht sollten wir die Politiker dann einfach durch KI ersetzen? Die hadert nicht, ist nicht korrupt, hat keine Interessen, Emotionen, sondern kann nüchtern auf wissenschaftlicher Basis ausrechnen, wie wir leben sollen … aber ich merk schon: Meine Ironie ist nichts für dich.

Also ganz sachlich und mit all meinem naturwissenschaftlichen Sachverstand: Aus wissenschaftlichen Evidenzen lassen sich keine Zwangläufigkeiten des politischen Handelns ableiten. Wer mit Bezug auf empirisches Wissen die Alternativlosigkeit von politischen Entscheidungen behaupten will, unterschätzt die Abstraktheit der wissenschaftlichen Evidenzen. Empirische Forschung wird in den Naturwissenschaften unter den sogenannten Laborbedingungen betrieben. In den empirischen Modellierungen wird von der Erfahrung der Wirklichkeit alles abgeschnitten, was nicht quantifizierbar ist: subjektive Emotionen, Werte, Interessen, kulturelle Traditionen usw. Zum Ergebnis haben diese Verfahren berechenbare Kausalverhältnisse, Wenn-dann-Korrelationen, z. B.: Wenn in den kommenden zehn Jahren eine bestimmte Menge an Kohlendioxid ausgestoßen wird, dann wird die Erderwärmung um so und so viel Grad zunehmen. Über die einzig wahre Deutung der Wirklichkeit verfügen die Wissenschaftler nicht. Mit gleichem Recht können nämlich auch andere Perspektiven eingenommen werden, für die Traditionen, Werte eine große Rolle spielen. Kürzlich habe ich z. B. einen Vortrag von einem Ethnologen gehört, der viel im südlichen Afrika mit den Menschen arbeitet, die die Zeche zahlen, wie du sagst. Dort ist seit vielen Jahren der Regen zurückgegangen und in den Hirtengesellschaften gibt es nicht mehr genug Wasser für die Kühe …

Jona: Das ist genau, was ich meine: Wir zerstören die Atmosphäre und der globale Süden leidet Hunger …

Max: Nur deuten die Menschen es dort ganz anders. Unter den Gemeinschaften der Hirten dominiert eine zyklische Deutung: dass sich Zeiten des Regens und der Trockenheit abwechseln; sie gehen davon aus, dass sie einfach nur abzuwarten hätten, bis die nächste Phase des Regens komme … in anderen freikirchlich geprägten Milieus des südlichen Afrikas herrscht die Deutung vor, dass Gott die Menschen mit der Trockenheit für ihre Sünden bestrafe; sie fordern, dass die Menschen in ihrem religiösen Leben umkehren müssen, damit es wieder regnet. Du siehst, Jona: es gibt keine allgemeingültigen Deutungen und keine alternativlosen Antworten …

Jona: Ich finde deinen Relativismus ganz schön zynisch! Das Ergebnis ist doch, dass wahnsinnig viele Menschen im globalen Süden sterben werden. Denk doch an Bolsonaro, der ist doch auch so ein Freikirchler. Und er ist nicht nur verdammt reich geworden … in der Corona-Pandemie haben wir auch gesehen, was passiert, wenn solche Menschen die empirischen Fakten leugnen, die ihnen nicht passen: Bolsonaro ist schuld an Hunderttausenden von Corona-Toten …

Olivia: Jona, ich verstehe deinen Punkt: Bei der politischen Gestaltung der Krisen, mit denen wir konfrontiert sind, ist es verantwortungslos, auf der eigenen Perspektive und den eigenen Gewohnheiten zu beharren … gute Krisenpolitik muss relevante empirische Erkenntnisse berücksichtigen – sonst ist sie bloße Klientelpolitik und das ist angesichts der gegenwärtigen Krisen zynisch. Aber ich denke, dass du Max trotzdem eine befriedigende Antwort schuldig geblieben bist. Max hat dich nämlich auf innere Widersprüche deines evidenzbasierten Politikstils hingewiesen – und anstelle einer Antwort bist du einfach zum Gegenangriff übergegangen.

Jona: Was meinst du mit den inneren Widersprüchen der evidenzbasierten Politik? Max hat sich so doch nicht ausgedrückt …

Olivia: Max hat dich darauf hingewiesen, dass die evidenzbasierte Politik – für die du eintrittst – gerade bei der Realisierung ihres Anspruchs auf Rationalität eigene Irrationalitäten hervorbringt.

Jona: Also: du willst gar nichts dagegen sagen, dass gute Krisenpolitik rational sein sollte …, sondern, dass die evidenzbasierte Politik in Konflikt mit dem eigenen Rationalitätsanspruch gerät?

Olivia: Genau.

Max hat gezeigt, dass die empirischen Wissenschaften ihr Faktenwissen dadurch erreichen, dass die Wissenschaftler von ihren lebensweltlichen Bindungen an Werte, Interessen usw. Distanz nehmen. Damit vermittelt ihr wertneutrales Tatsachenwissen, aber eben keine politische Orientierung. Wenn Wissenschaftlerinnen mithilfe von Computerprogrammen zum Beispiel berechnen, dass die Erderwärmung unter den Bedingungen des aktuellen globalen Energieverbrauchs bei weit mehr als 1,5 Grad liegen wird, dann folgen daraus noch keine klimapolitischen Strategien … für sich genommen folgt daraus noch nicht einmal, dass überhaupt irgendetwas getan werden sollte.

Wenn Politikerinnen eine evidenzbasierte Politik betreiben wollen, dann treten sie mit dem Anspruch auf, ihre politischen Entscheidungen aus empirischem Tatsachenwissen „abzuleiten“.

Da die empirischen Evidenzen aber nicht „für sich sprechen", können diese Politiker nicht anders, als sich an weiteren Erwägungen zu orientieren, die sich meist nicht quantifizieren lassen: an ökonomischen und gesellschaftlichen Interessen, Werturteilen über die Schutzansprüche unterschiedlicher Bevölkerungsgruppen, den Wert und die sogenannte „Systemrelevanz" von sozialen Praktiken, aber auch an pragmatischen Urteilen über die Durchsetzbarkeit und den richtigen Zeitpunkt der avisierten Maßnahmen. Die evidenzbasierte Krisenpolitik bringt eigene Irrationalitäten hervor, indem sie die eigenen Voorannahmen abdunkelt und jeder kritischer Überprüfung entzieht. Damit verstrickt sie sich in Selbstwidersprüche: Bei der Verwirklichung ihrer Vorstellungen von Rationalität wird sie notwendigerweise irrational. Sie widerlegt sich selbst.

Stimmt's, Max?

Max: Das ist noch nicht alles ... noch problematischer finde ich, dass dieser neue Politikstil nicht nur in all seinen Rationalitätsansprüchen irrational ist, sondern dass er zugleich auch undemokratisch wird – und das selbst dann, wenn er sich zum Sprachrohr marginalisierter Bevölkerungsgruppen macht; etwa: des globalen Südens, wie Jona sagt. Es ist eine Herrschaftspraxis. Indem sich Politiker – Aktivisten oder Regierungen – hinter der Überparteilichkeit wissenschaftlicher Expertise verstecken, immunisieren sie sich gegen Kritik. Demokratische Debatten zwischen unterschiedlichen Perspektiven sind dann nicht mehr möglich. Es werden nur noch wissenschaftliche Debatten geführt: welche Positionen sind wissenschaftlich anerkannt, welche werden nur von einer Minderheit vertreten, wie sieht die Datenlage aus, wie wird modelliert usw. Genau das hat unsere alte Bundeskanzlerin in der

Corona-Krise mit Rückendeckung ihrer Expertengremien getan, in die sie wohlweislich nur Naturwissenschaftler berufen hat: als Physikerin sage ich euch, was jetzt zu tun ist, und alle, die eine andere politische Meinung haben, sind Feinde der Wissenschaft und deswegen auch politisch disqualifiziert … Aber auch du hast dich vorhin so verhalten, Jona: Als ich mich auf die Perspektive der südafrikanischen Hirten bezogen habe, hast du sie ganz

schnell als unaufgeklärt abgetan, weil sie deiner eigenen Deutung des Klimawandels nicht folgen … mit Demokratie hat das nicht mehr viel zu tun … das ist Absolutismus, Kolonialismus …

Demokratisch-pazifistischer Relativismus: nach Max

Jona: Olivia und Max, ich traue euch nicht. Erst entzieht ihr mir den Boden unter den Füßen. Das war sehr gekonnt, das muss ich euch schon lassen: dass die politische Praxis, die ich bisher immer für rational und demokratisch gehalten hatte, sich selbst widerlegt – indem sie gerade dadurch irrational und undemokratisch wird, wie sie Rationalität und Demokratie verwirklicht: durch Ableitung von politischen Entscheidungen aus wissenschaftlichen Erkenntnissen … das muss ich erst einmal verdauen … und jetzt – da alles wackelt und schwimmt – jetzt wollt ihr mir euren Relativismus unterjubeln. Aber da mache ich trotzdem nicht mit!

Olivia: Ich bin keine Relativistin.

Max: Ich schon …

Jona: Okay, Olivia, was du willst, ist mir ein Rätsel … aber dein Relativismus, Max, den finde ich weiterhin ganz schön zynisch.

Dabei bleibe ich – auch wenn ich jetzt dann gar nicht mehr weiter weiß.

Es mag ja sein, dass die evidenzbasierte Politik irrational und undemokratisch werden kann, aber dann einfach zu sagen: alles ist Perspektive? Und wenn ich ein Problem damit habe, dass Bolsonaros Corona-Leugnerei Hunderttausenden das Leben gekostet hat, und wenn ich ein Problem damit habe, dass die Menschen im südlichen Afrika die Hauptlasten des von uns verur-
sachten Klimawandels zahlen und das noch nicht einmal wissen – dann ist das halt auch nur meine Perspektive, oder was?

Max: Genau: das ist deine Perspektive. Freilich ist die wichtig und sollte gehört werden: Es ist gut, dass du auf die Opfer unserer Machtverhältnisse aufmerksam machst. Nur sind andere, marginalisierte Perspektiven halt auch wichtig und sollten auch gehört werden …

Mensch, Jona: Mach dich mal locker! Merkst du denn nicht, dass du die ganze Zeit anderen deine Weltsicht aufzwingen willst, weil angeblich nur du und deine Bundesgenossen aufgeklärt sind? Nur will deine Prenzlberg-Aufklärung halt niemand: die Menschen in Marzahn genauso wenig wie die Menschen im südlichen Afrika, im Irak, in Südamerika, China, Russland, Indien.

Warum kann es denn nur Konkurrenz zwischen den Perspektiven geben: Warum kann denn nur eine Perspektive – und zufälligerweise eure Perspektive in der Tradition der europäischen Aufklärung – richtig sein und warum müssen alle anderen falsch sein? Warum geht denn nicht mehr Kooperation und weniger Konkurrenz?

Wir müssen endlich Schluss machen mit unserem kolonialen Erbe: allen unsere Sicht aufzudrücken. Langsam müsste doch klar geworden sein, dass wir aus den Kriegen, Bürgerkriegen nur rauskommen, wenn wir mehr Demokratie wagen – und endlich auch die theoretischen Deutungen der Welt demokratisieren. Das wäre natürlich ein riesiger Kraftakt: die Medienlandschaft wäre umzugestalten, die Lehrpläne der Schulen wären umzuschreiben …

Jona: Ich hätte nicht gedacht, dass sich irgendjemand heutzutage noch traut, so ein krudes Zeug zu verbreiten. Wenn sich deine Floskeln von mehr Demokratie wagen usw. auch gut anhören mögen, widerlegt sich dein Relativismus doch offenkundig selbst: Alles ist relativ, alles ist nur eine Meinung – einzig deine Meinung, dass alles nur Meinung ist, ist mehr als Meinung, das ist die Wahrheit. WAHRHEIT – Huuuuh, das gefährliche Wort, ich habe es ausgesprochen …

Max: Gut gebrüllt, Täubchen, nur leider stimmt es nicht: Natürlich ist die Meinung, dass alles Meinung ist, auch nur meine Meinung. Geht ja gar nicht anders. Ich will nicht recht haben. Mein Punkt ist kein theoretischer, sondern ein praktischer. Der Relativismus ist dem Absolutismus nicht in theoretischer, sondern in praktischer Hinsicht überlegen. Natürlich ist er auch nur eine Weltsicht, steht in geschichtlichen Traditionen, hat seine Wurzeln usw. Aber er ist eine Weltanschauung, die – im Unterschied zu allen Absolutismen – ein friedliches, demokratisches Miteinander möglich macht.

Jona: Mensch, Max – das wäre doch zu billig: dass einfach nur alle in euer Hohelied des Relativismus einstimmen müssen, und schon haben wir ewigen Frieden und ewige Demokratie. Was

sagst du dann zu Leuten wie Putin? Wart mal, ich habe da kürzlich etwas in der Zeitung gelesen [Jona sucht auf ihrem Smartphone] … hier ist es. Also: Putins ideologischer Vordenker Alexander Dugin bekennt sich explizit zu deinem Relativismus, Max. Hör zu: „Die Postmoderne zeigt, dass jede sogenannte Wahrheit eine Frage des Glaubens ist. Wir glauben also an das, was wir tun, wir glauben an das, was wir sagen. Und das ist die einzige Möglichkeit, die Wahrheit zu definieren. Wir haben also unsere speziel-
le russische Wahrheit, die man akzeptieren muss." Mit solchem postmodernen Relativismus ausgestattet kann Putin dann ganz bequem seine Expansionspolitik rechtfertigen: in Tschetschenien, Georgien, Syrien, der Ukraine die spezielle russische Wahrheit verwirklichen. Ist nur irgendwie nicht so friedlich, oder?

Max: Putin und seine Entourage sind keine wahren Relativisten. Sie benützen den Relativismus nur, um ihre Vorstellungen von Großrussland durchzusetzen.

Jona: Hört sich irgendwie komisch an: keine „wahren Relativisten" … ist halt Putins Relativismus, oder?

Max: Mit wahrem Relativismus will ich sagen: es ist schwierig, Relativismus praktisch zu leben. Putin macht nicht ernst mit den demokratischen und pazifistischen Ansprüchen des Relativismus.

Olivia: Entschuldige bitte, Max, aber das ist keine befriedigende Antwort auf Jona. Jona hat sich bei dir sozusagen revanchiert – und dir die inneren Widersprüche des Relativismus vorgeführt. Sie hat nicht nur gezeigt, dass Relativismus als theoretische Position selbstwidersprüchlich ist, weil er für sich den Erkenntnisstatus beanspruchen müsste, den er allen theoretischen Deutungen von Wirklichkeit abspricht. Jona hat auch die praktischen Selbstwidersprüche deines demokratisch-pazifistischen Relativismus herausgearbeitet: dass sich der Relativismus nicht als politische Praxis eignet, um globale Demokratie und Frieden umzusetzen, weil ein konsequenter Relativismus sich auch noch gegen die Bindung an Demokratie und Frieden richten – und diese als bloß subjektive Meinungen abschaffen kann, wenn sie mit handfesten Interessen kollidieren.

Politische Klugheit: nach Olivia

Jona: Eins muss man dir lassen, Olivia: verwirren kannst du gut … aber was du selbst willst, das ist mir schleierhaft.

Max: Da muss ich Jona nun doch tatsächlich mal zustimmen … Wurde irgendein Philosoph nicht mal „Alleszermalmer“ genannt? Und euer Urvater Sokrates wurde doch wegen seines Nihilismus zum Tode verurteilt: weil er alles infrage gestellt hat, ohne selbst irgendetwas anzubieten – genauso wie du gerade sogar noch meine relativistischen Bemühungen zersetzt hast.

Olivia: Oh, welch eine Ehre, dass ihr mich in die Tradition des Sokrates stellt … Allerdings gebührt diese Ehre wohl kaum mir allein, sondern eher uns dreien zusammen. Gemeinsam haben wir gerade in unterschiedlichen Rollen den Sokrates gespielt.

Sokrates hat für seine eigene Gesprächspraxis drei sehr vielsagende Bilder gefunden: die Bilder der Stechmücke, des Zitterrochens und der Hebamme. Diese Bilder treffen auch unser bisheriges Gespräch sehr gut – und v. a. wird in ihrem Lichte deutlich: dass Sokrates kein Nihilist war und dass auch unser Sokratisches Gespräch nicht bloß destruktiv war, wie ihr anzunehmen scheint.

Die Stechmücken wart ihr in der letzten halben Stunde. Gegenseitig habt ihr mit euren Nachfragen in die blinden Flecken eurer Leitbilder guter Krisenpolitik gepikst. Oder?

Jona: Stimmt, du hast ziemlich genervt, Max … und ich kann
jetzt irgendwie weder vor noch zurück.

Olivia: Genau: Die Fragen nerven, weil sie keine bloß theoretischen, abstrakten Probleme aufwerfen, sondern einen existenziell angehen: mit Widersprüchen in der eigenen Lebensweise konfrontieren. Für die Verwirrung, die er mit seinen nervigen Nachfragen erzeugt, hat Sokrates das Bild des Zitterrochens gewählt, der diejenigen lähmt, die er berührt. Unter uns habe ich die Anwältin des Zitterrochens gespielt: indem ich gezeigt habe, dass eure wechselseitige Kritik die Selbstwidersprüche eurer politischen Praktiken aufdeckt. Dies hat euch in Situationen der Lähmung gezwungen und mit der Einsicht konfrontiert, dass ihr nicht wisst, was für euch selbst und die politische Gemeinschaft gut ist, was gute Krisenpolitik ist.

Max: Wie gesagt: Verwirrung kannst du gut, werter Torpedorochen! So weiterleben wie bisher kann ich tatsächlich nicht mehr … und Jona offensichtlich auch nicht.

Olivia: Wichtig ist mir, dass diese Sokratische Praxis keine Herrschaftspraxis darstellt. Sokrates befragt seine Gesprächspartner nicht aus der Position souveräner Überlegenheit heraus. Er beanspruchte nicht zu wissen, was ein gutes, glückliches Leben sei, wie die menschlichen Dinge politisch zu ordnen seien. Und er versetzt seine Gesprächspartner mit seinen Fragen auch nicht in Verwirrung, um sie zu manipulieren, auf sie im Sinne eigener politischer Interessen einzuwirken. Wenn Sokrates Andere mit seinem fortwährenden, nervigen Fragen in Verwirrung setzt, dann steckt er sie vielmehr mit seiner eigenen Verwirrung an.

So steht es auch mit uns. Wenn ihr nicht seht, worauf ich hinauswill, dann ist diese Erfahrung ganz richtig: Ihr versteht meine Verwirrung. Genauso wenig wie Sokrates habe ich ein neues Leitbild anzubieten: Wissen über eine gerechte globale Ordnung, allgemeingültige Richtlinien der Gerechtigkeit, die politische Aktivistinnen, Regierende in den konkreten Krisen – Corona, Klima, Krieg – nur umzusetzen hätten.

Solch ein Leitbild haben aber viele von Sokrates verlangt – und ihn deswegen des Nihilismus bezichtigt und vor Gericht gestellt. Viele der Menschen, die sich heutzutage noch für Philosophie interessieren, erwarten vermutlich Ähnliches – und ihr von mir ja auch, nicht wahr? Das können Philosophierende aber nicht seriös bieten. Inmitten der Zeit fehlt uns ein archimedischer Erkenntnisstandpunkt, um universal gültiges Wissen über ein gelingendes Leben zu erlangen ... genauso fehlt uns aber freilich auch ein Standpunkt, um im Sinne von Max' postmodernen Relativismus einzusehen, dass es gar keine natürliche Bestimmung menschlichen Lebens gebe, dass alle Bedeutsamkeiten, Sachverhalte nur kulturelle, politische Konstruktionen seien ...

Max: Jetzt bin ich aber gespannt: weder Moderne noch Postmoderne, weder Philosophenkönig noch Machtpolitik, weder Absolutismus noch Relativismus – aber auch kein Nihilismus?

Olivia: Genau – kein zerstörerischer, lebensverneinender Nihilismus, sondern: wirklichkeitseröffnende, lebensbejahende Hebammenkunst. Indem Sokrates seine Gesprächspartner auf die Widersprüche ihrer Ideale eines gelingenden Lebens hinweist, befreit er sie von Vorurteilen, kulturellen Schemata des Lebens und Erlebens, die sie auf endlose Wiederholungen des Immer-Gleichen festlegen. Damit setzt er sie zugleich frei, das Begegnende neu zu beurteilen und im Gestalten ihres Lebens
neue Anfänge zu machen. Damit betätigt er sich als geistige Hebamme: er unterstützt seine Gesprächspartner darin, Lernprozesse zu durchlaufen, in denen sie lernen, konkrete Lebenssituationen besser zu beurteilen und besser zu gestalten als bisher. [In Klammern bemerkt: manchmal lässt Platon Sokrates die Hebammenkunst auch als Zeugen von Lehrern in Schülern darstellen. Richtiger und zeitgemäßer finde ich, von einer befähigenden Geburtshilfe zu sprechen, die Philosophierende im Plural ausüben.]

Max: Also, Olivia: als Hebamme musst du leider noch üben. Während Jona und ich uns ziemlich gnadenlos auseinandergenommen haben, hast du nur immer gerufen: Bravo! Weicht der Kritik bloß nicht aus, stürzt euch rückhaltlos in die Krise, damit ihr auch ja fallt und keinen Boden zum Stehen und Handeln mehr findet … und jetzt stehen wir beide ganz schön bedröppelt da. Was daran lebensbejahend, wirklichkeitseröffnend sein soll, kann ich nicht sehen.

Jona: Wart mal, Max … Du konzentrierst dich noch viel zu sehr auf Olivia. Sie hatte vorhin recht: nicht sie allein, sondern wir miteinander machen hier den Sokrates, die philosophischen Hebammen.

Schau doch mal auf unser Miteinander:

Zunächst hast du mich – von Olivia sekundiert – verstehen lassen, dass auch die empirischen Wissenschaften nicht die Sachen selbst erkennen, sondern eine bestimmte Perspektive einnehmen, und dass aus den Erkenntnissen, die in dieser Perspektive gewonnen werden, keine politischen Handlungsanweisungen abgeleitet werden können.

82 Dann hab' ich dir – mit Olivias Unterstützung – gezeigt, dass aus diesem Stehen in Perspektiven nicht folgt, dass alles relativ, alles bloße Konstruktion ist. Wir haben dir die Möglichkeit genommen, dich vor der verwirrenden Einsicht, dass wir alle nicht wissen, wie wir leben sollen, in die Weltanschauung des Relativismus zu flüchten: die Möglichkeit, dich gegen die Nachfragen Anderer dadurch zu immunisieren, dass du dich auf die Position zurückziehst, dass halt alle ihre Meinung haben.

Max: Okay, das hatten wir schon mal: Ich weiß, dass ich nichts weiß und so …

Jona: Aber damit stehen wir jetzt doch woanders, sprechen anders miteinander. Weder ist alles alternativlos noch beliebig – vielmehr können wir jetzt streiten: aus unterschiedlichen Perspektiven darum ringen, wie wir die aktuellen Krisen – Corona, Klima – beurteilen und gestalten. Wir sind zurück in politischen Debatten, aus denen wir uns beide irgendwann einmal – bewusst oder unbewusst – verabschiedet hatten.

Max: Na, Jona, das ist aber ein Schritt für dich! Also nicht mehr nur noch die Experten sollen politisch mitreden dürfen, sondern wir alle – da es uns alle betrifft?

Jona: Ach, Max, für dich ist's doch auch ein Schritt! Nichts mehr mit: deine Meinung, meine Meinung, Friede, Freude, Eierkuchen. Es geht eben nicht darum, die verschiedenen Perspektiven und Weltanschauungen einfach nebeneinander stehen zu lassen, sondern darum, für das eigene Verständnis in der Öffentlichkeit einzustehen und sich den Anderen auszusetzen; wechselseitig die unterschiedlichen Weltanschauungen und politischen Praktiken kritisch zu befragen – so wie wir's gerade getan haben.

Max: Danke für die Geburtshilfe, Jona Friedensbringerin! Du hast recht: bisher habe ich mir die Kooperation zwischen den Perspektiven eher als ein paralleles Nebeneinander vorgestellt; bei dir ist es zum Dialog geworden … ist irgendwie schön.

Olivia: Und macht doch auch glücklich, oder? Ich find's toll: wir haben miteinander etwas gelernt, unser politisches Urteilen verbessert. Philosophisch würde ich sagen, dass wir miteinander den Schritt in politische Klugheit gemacht haben: in ein kluges Beurteilen und Gestalten der konkreten Gegenwart – jenseits von Vorurteilen und Leitbildern, auf die wir uns festgelegt hatten.

Die Beiträge von Philosophierenden zur Kultivierung von Klugheit

Jona: Max, vielleicht jubeln wir gerade doch zu schnell … Woher können wir eigentlich wissen, dass die Veränderungen, die wir gerade erfahren haben, Verbesserungen sind: dass wir etwas gelernt haben, wie Olivia sagt?

Woher weiß ich, dass im öffentlichen Streit bessere Politik gemacht wird als die evidenzbasierte Politik in Anleitung durch die wissenschaftliche Expertise, von der ich zu Beginn unseres Gesprächs ausgegangen bin?

Max: Hast du diese Frage nicht selbst schon beantwortet, Jona? Natürlich wissen wir nicht, dass eine Kultur pluralistischer Klugheit die beste politische Praxis ist; aber im Laufe unseres Gesprächs haben wir doch sehr wohl eingesehen, dass diese öf-

fentliche Streitkultur einen Lernschritt gegenüber der evidenzbasierten Politik bedeutet. Mit der Praxis, im öffentlichen Streit miteinander klug zu werden, haben wir doch eine politische Praxis erreicht, in der die Selbstwidersprüche deiner evidenzbasierten Politik überwunden sind.

Jona: Vielleicht muss ich noch einmal anders fragen … vielleicht habe ich vorhin doch zu schnell von Olivia weggeschaut, Max.

Olivia, eigentlich ist mir dein Einsatz in unserem Gespräch noch nicht klar. Irgendwie ist mir die Rede von deinem Beitrag zu unserem Gespräch als Zitterrochen zu blumig und schwammig …

Olivia: Findest du den Vergleich mit einem Katalysator erhellender? Wenn ich euch in eurer wechselseitigen Kritik unterstützt habe, dann wollte ich zeigen, dass eure jeweilige Kritik nicht ideologisch ist, nicht nur trifft, wenn man eure jeweiligen Vorannahmen teilt; sondern dass sie die andere Position „von innen heraus" kritisiert – indem sie deren Selbstwidersprüche sichtbar macht. Ich habe damit die Eigendynamiken der Lernprozesse unterstützt, die sich zwischen uns entwickeln: die Erneuerungen unseres politischen Denkens, das durch seine inneren Widersprüche über sich hinausgetrieben wird.

Max: Jetzt verstehe ich, worauf du hinauswillst, Jona.

Olivia, ich denke, dass es kein Zufall ist, dass du dein Tun gerade so technisch dargestellt und das Bild des Katalysators gewählt hast. Du suggerierst, dass du gar keinen persönlichen Beitrag zu unseren Gesprächen leistest – als wärst du eine bloße Verstärkerin, Förderin der immanenten Lernprozesse, die unsere politischen Gespräche aus sich selbst hervorbringen …

Aber schlussendlich hast du doch auch deine eigene Agenda
– und betonst aus deiner Perspektive bestimmte Widersprüche, während du andere Spannungen übergehst.

Woher können wir also wissen, dass du uns nicht doch manipulierst – vielleicht sogar ohne es zu wissen, wenn du wirklich so verwirrt bist, wie du behauptest?

Olivia: Au weia: das ist echt ein heikler Punkt, den ihr da zur Sprache bringt … Ihr fragt ja nach den Menschen „hinter" den philosophischen Theorien, Gesprächspraktiken. In der Gegenwart wird Philosophie meist nach dem Vorbild der neuzeitlichen Wissenschaften als eine allein theoretische Disziplin aufgefasst. Mache sagen auch etwas spöttisch: als bloße „Theorieschmiede". Fragen des guten Lebens, der Gerechtigkeit werden zwar breit diskutiert; die Philosophierenden – mit ihrem Begehren, ihren Emotionen, ihren Wertbindungen, Interessen – werden aber meist abgeblendet. Es wird kaum je gefragt, was das Philosophieren mit den Philosophierenden macht, ob es sie irgendwie besser, glücklicher macht. Wenn ihr mir jetzt entgegenhaltet, dass Philosophierende ihre Methoden der Kritik an Lebensformen und sozialen Praktiken auch als Techniken verwenden können, um in der Gesellschaft ihre Partikularinteressen zu verfolgen, dann legt ihr den Finger in die Wunde: werden

Philosophierende – wie ich – durch das Philosophieren in ihrer Haltung zu sich, den Anderen und der Welt vervollkommnet und zu Personen gebildet, die mit ihren Interventionen das gesellschaftliche Miteinander zum Besseren verkehren können … und nicht nur Veränderungen vorantreiben, die in der Luft liegen, dem Zeitgeist oder ihren eigenen Interessen entsprechen, aber nichts Gutes bewirken?

Sokrates hat dieses Problem übrigens noch deutlich im Blick gehabt und es als die größte Herausforderung der geistigen Hebammenkunst bezeichnet: ohne Leitbild nicht nur die „geistigen Wehen", die geistigen Krisen zu bemerken, in denen neue Formen des Verstehens und Handelns entstehen können, sondern v. a. auch dazu beizutragen, dass echte Kinder und keine „Mondkälber" geboren werden, wie er wieder ganz bildlich gesagt hat – also: wirkliche Verbesserungen und keine modischen Veränderungen oder sogar Verschlechterungen des gesellschaftlichen Miteinanders anzustoßen.

Darum geht es euch doch, oder?

Jona: Ja, genau …

Olivia: Die Frage überfordert mich etwas … wenn ich euch jetzt einfach eine Theorie über die Bildungs- und Orientierungspotenziale philosophischer Praktiken vorstelle, dann bestätige ich euch ja nur in eurer Skepsis, oder?

Max: Allerdings!

Olivia: Vielleicht kann ich eure Frage anders beantworten: indem ich euch von einem ungewöhnlichen Symposion berichte, an dem ich vor einigen Monaten teilgenommen habe und in dem es genau um das ging, wonach ihr jetzt fragt: um philosophische Lebenskunst, die vergessene Bildung der Philosophierenden.

Jona: Ach, das war die Frage, die du vorhin von uns erwartest hast: Wie Philosophierende im Zuge ihrer philosophischen Praxis die Disposition erwerben, in der Öffentlichkeit gesellschaftliche Lernprozesse anzuregen.

Max: Na, dann lass mal hören: dieses Symposion war dann ja wohl deine Vorbereitung auf unsere Frage – von der wir eigentlich noch gar nichts wussten … auch irgendwie komisch.

Olivia: Stimmt. Übrigens war mein Satz, den Max vorhin so merkwürdig fand, ein Zitat: der Anfangssatz von Platons Symposion … aber wie dem auch sei, hört zu, wie auf meinem Workshop die philosophischen Bildungsprozesse wiederbelebt wurden, die in der Gegenwart meist vergessen werden.

2. Olivias Bericht: Symposion im Frühsommer 2021 über Philosophie als Lebenskunst

Setting, Fragestellung, Teilnehmende

Olivia: Ich habe nur durch Zufall an dem Workshop teilgenommen, von dem ich euch berichten will, und mich auch nicht

aktiv daran beteiligt.

Nachdem wir uns über Jahre aus den Augen verloren hatten, bin ich Diotima, meiner philosophischen Lehrerin aus Studienzeiten, unvermittelt auf der Straße begegnet. Die Straße war corona-leer und Diotima hatte es eilig nach Hause zu kommen, um – wie sie mir erzählte – an einem digitalen Workshop über philosophische Lebenskunst teilzunehmen. Wir haben uns kurz über unsere Erfahrungen mit den digitalen Formaten unterhalten, in denen philosophische Diskussionen seit Pandemiebeginn allein noch geführt werden konnten. Schmunzelnd hat Diotima berichtet, dass sich ihr anstehender Workshop in Referenz an Platon „Symposion" nennen würde – das nüchtern-entleiblichte Format eines Online-Meetings durch den Bezug auf Platons Gastmahl jedoch in besonders kläglichem Licht erscheine.

Diese beiläufige Bemerkung hat mich neugierig gemacht und auf meine Nachfrage hat mir Diotima von der Anlage des Workshops berichtet: dass es sich um eine Initiative von engagierten Studierenden handle; diese seien von der Theorielastigkeit ihres Philosophiestudiums ernüchtert und hofften, im Rahmen eines Workshops über Lebenskunst in ein Philosophieren eingeführt zu werden, das die Philosophierenden in irgendeinem Sinn transformiere und vervollkommne. Es sollte darum gehen, in welchen Übungspraktiken philosophische Lebenskünste kultiviert würden, welche Haltungen zu sich selbst, den Anderen und der Wirklichkeit dabei eingenommen und welche Vorstellungen eines gelingenden Lebens dabei verfolgt würden.

Da Diotima mein großes Interesse bemerkte, hat sie mich eingeladen, an dem Workshop teilzunehmen, wir haben uns verabschiedet und uns beide rasch nach Hause an unsere Computer begeben. Ich hatte allerdings technische Probleme mit dem Einloggen in das Online-Meeting, so dass ich die Einführung der Studierenden und einen ersten Vortrag über Platons Symposion verpasst habe. Es war wohl eine historische Darstellung des erotischen Philosophierens, das Platon im Symposion entworfen hat. Ich kam gerade recht zum Beginn des zweiten Vortrags, in dem Christoph die philosophische Lebenskunst der Spätantike wiedererinnerte.

Mit Erlaubnis der Referierenden habe ich die Vorteile des digitalen Formats genutzt und die Vorträge mitgeschnitten. Im Nachhinein habe ich mir meine Aufnahmen noch mehrfach angesehen, sodass ich euch einen korrekten Bericht geben kann. Ich berichte euch von den Vorträgen und Diskussionen, die sich mir besonders eingeprägt haben und den Entwicklungen, die wir im Rahmen des Workshops miteinander durchlaufen haben. Hoffentlich könnt ihr auf diese Weise die philosophischen Bildungsprozesse mitvollziehen, die wir während des Workshops durchlebt haben.

Bevor ich mit Christophs Vortrag anfange, lasst mich zunächst etwas über die bunte Truppe sagen, in die ich da hineingeraten war. Insgesamt waren wir um die zwanzig Personen unterschiedlichen Alters mit ganz verschiedenen biographischen Hintergründen und philosophischen Ausbildungen. Einige sind mir besonders eindrücklich in Erinnerung geblieben. Besagter

Christoph ist ein bekannter Repräsentant der hermeneutischen Philosophie, die durch genaue Lektüre tradierter Texte eine Verschmelzung des eigenen Verstehenshorizonts mit den Verstehenshorizonten anderer Epochen und Kulturen erreichen will. Er müsste ungefähr Dein Alter haben, Max; ist ein heller Typ, hat blonde, leicht ergraute, sehr ordentlich frisierte, mittellange Haare; tritt äußerst souverän auf, wahrt zu allen eine gewisse Distanz. Er ist ganz offensichtlich sehr belesen, scheint ein enormes Wissen über die gesamte Philosophiegeschichte zu haben. Er spricht sehr klar, prononciert, begrifflich äußerst präzise. An seiner Brille, dem Stoff seines Hemdes, seinen Manschettenknöpfen konnte man auch im digitalen Format einen klassisch-eleganten Kleidungsstil ablesen.

Christophs Konterpart während der Tagung war Zoë. Zoë hat einen ungewöhnlichen Lebensweg genommen. Sie ist nicht nur – selten genug – Leibesphänomenologin, sondern auch Zenmeisterin. Auch sie müsste ähnlich alt sein wie du, Max; hat einen wilden grauen Lockenkopf, blaue leuchtende Augen, spricht mit einem warmen Akzent, den sie ihrer Kindheit in Griechenland verdankt.

Max: Wow, diese Frau möchte ich mal kennenlernen … sie scheint ja die Personifikation interkultureller Kooperation zu sein …

Olivia: Besonders eindrücklich ist ihre Offenheit: eine Form des rückhaltlosen Im-Augenblick-Daseins, der Achtsamkeit für die Anderen – ohne deswegen in irgendeiner Weise grenzüberschreitend zu sein, einem auf die Pelle zu rücken. So hat sie es zum Beispiel sogar im Digitalen nur mimisch, durch ein leichtes

Lächeln vermocht, Hannah – einer jüngeren Studentin – ihre Unbefangenheit zurückzugeben, als diese bei einem Diskussionsbeitrag sehr aufgeregt war.

Diese Hannah war überhaupt eine tolle, junge Frau. Wahrscheinlich eher groß, kräftig, blonde längere Haare, Nasenring. Sie hat die Hauptlast der Organisation der Tagung getragen, war immer hochkonzentriert. Man hat ihr angemerkt, dass sie Philosophie nicht nur als akademisches Fach studiert, sondern ein
philosophisch orientiertes Leben führen möchte. Formen akademischer Selbstdarstellung schien sie sich gar nicht erst angewöhnt zu haben.

Außerdem erinnere ich mich noch deutlich an Raphaël und John: zwei jüngere Doktoranden, die sich ein Podium geteilt haben. Raphaël, ein Doktorand of Color, promoviert in einem deutsch-französischen Projekt in Paris und Berlin über Lebenskunst im Existenzialismus des 20. Jahrhunderts. In Auftreten, Äußerungen und Verhalten ist er stark von seinem politischen Engagement in der französischen Anti-Rassismus- und Anti-Kolonialismus-Bewegung geprägt. Er hat ein hageres, kantiges Gesicht, trägt seine Haare ganz kurz, Bart, schwarzes Hemd, spricht engagiert, mit Nachdruck.

Jona: Raphaël kenn ich: den hatten wir von Fridays for Future kürzlich aufs Podium eingeladen … wacher Mensch …

Olivia: John war ganz anders … er kommt ursprünglich aus den USA, promoviert bei Christoph über das therapeutische Philosophieren des späten Wittgenstein und finanziert seinen Lebensunterhalt mit Übersetzungen, oft wohl auch von Christophs Texten. Sein äußeres Auftreten scheint ihn nicht sonderlich zu interessieren. Obgleich noch jung, gibt er das Abziehbild des weltfremden Professors ab: lange, strähnige Haare, Stoppelbart, ungeputzte Brille, verwaschenes T-Shirt. In scharfem Kontrast zu seinem äußeren Auftreten standen seine Redebeiträge. Selbst wenn er erregt ist, spricht er sehr konzentriert, bringt jeden Satz zu Ende, ohne je neu ansetzen zu müssen. Dabei argumentiert er äußerst stringent und hat während der Diskussionen mehrfach zentrale Begriffe reflektiert und präzise analysiert.

Und schließlich war da dann natürlich noch Diotima. Sie war die älteste unter uns. Sie ist klein, zierlich, hat helle Augen, schlohweiße kurze Haare, die vorne – wohl durch jahrzehntelanges Rauchen – etwas gelblich verfärbt sind. Trotz ihrs Alters und ohne viel zu sprechen, war sie während des Workshops sehr präsent. Obgleich ihr alle mit einem gewissen Respekt begegnet sind, ist sie nicht als überlegene Lehrerin aufgetreten, sondern lernbereit geblieben. Mich hat sie als Studentin durch ihre erotische Phänomenologie in Bann gezogen, mit der sie einzigartig in der akademischen Landschaft war – und in der sie Aspekte eines dialogischen Philosophierens, einer transformierenden Lebenskunst und der Phänomenologie verbunden hat. Dabei hat sie nicht nur die Verengungen von Philosophie auf eine bloße Theorieschmiede zu einem Zeitpunkt hinter sich gelassen, als noch niemand von philosophischer Lebenskunst gesprochen hat. Im Unterschied zu den anderen wenigen Frauen, die es damals an der Uni gab, hat sie sich auch nicht ganz entleiblicht, wenn ich so sagen darf … zum Beispiel nicht darauf verzichtet, Kinder zu bekommen. Leider konnte ich nicht mehr bei ihr promovieren, da ihre befristete Unistelle ausgelaufen ist und sie seither nur unregelmäßig Lehraufträge wahrnimmt.

Max: Schon klar ... wir haben schon verstanden, wo deine Sympathien liegen, Frau Nachbarin.

Olivia: Ja und nein – ich war froh, mich in meiner Zuschauerposition nicht auf eine Seite schlagen zu müssen ...

Max: Aha! Also doch: postmoderner Friede, Freude, Eierkuchen – wie Jona vorhin gelästert hat.

Olivia: Na, dann müsste ich euch das alles ja nicht erzählen.

Jona: Jetzt mach mal los, Olivia! Ich muss nachher wahrscheinlich schnell weg. Wir planen noch eine Aktion zum Wahlausgang ...

Christoph: Rationalistische Lebenskunst

Olivia: Den Anfang des Symposions hatte ich – wie gesagt – verpasst. Eingestiegen bin ich, als Christoph einen Überblick über seine Forschung zur Lebenskunst in der Spätantike gegeben hat. In der Spätantike hat die philosophische Lebenskunst ihre erste Hochphase erlebt. In ihrer Unterschiedlichkeit waren sich Epikureer, Stoiker, Skeptiker, Kyniker darin einig, in ihrem Philosophieren der Praxis den Primat zu geben: solche Meditationspraktiken zu entwickeln und zu kultivieren, die den Philosophierenden zu einem gelingenden Leben verhelfen – und das hieß für die Philosophen in der Spätantike: zu einem Leben in Gelassenheit, innerer Seelenruhe.

Christoph ist nun dafür eingetreten, dass die spätantike Lebenskunst mit dieser biographischen Verankerung des Philosophierens in der praktischen Lebensgestaltung eine Antwort gibt auf die geistigen Herausforderungen unserer Gegenwart. In der Gegenwart habe sich ja die Einsicht durchgesetzt, dass philosophische Erkenntnis nicht an einem Standpunkt im luftleeren Raum reiner Vernunfterkenntnis „hinter" dem Leben, sondern inmitten des Lebens gewonnen werde. Folglich sei es ganz konsequent, mit den spätantiken Philosophen Philosophie als Praxis der Lebensgestaltung zu verstehen und auszuüben, die das Leben der Philosophierenden erneuere. Dabei wäre die spätantike Lebenskunst für unsere Gegenwart auch deswegen sehr attraktiv, da wir den Glauben an christlich-platonistische Jenseitsvorstellungen gemeinhin verloren hätten. Mit den hellenistischen Philosophen ließe sich Philosophie als eine transformierende Praxis ausüben, die zum Gelingen unseres Lebens hier und jetzt, in der diesseitigen Gegenwart, beitrage. Dabei hätten die spätantiken Philosophen mit ihrer Verankerung von Philosophie im Leben meist auch in formaler Hinsicht ernst gemacht und zur Darstellung ihres philosophischen Wissens nicht die Form des allgemeingültigen Traktats, sondern der adressierten Lehrbriefe gewählt. Auf diese Weise hätten sie ihre Leser als besondere Personen adressieren und in philosophische Meditationstechniken einführen können.

Max: Hej, wer hätte das gedacht, dass sie schon damals vom Elfenbeinturm herabsteigen wollten … ist ja auch einfach stinklangweilig da oben …

Olivia: In aller Nähe zu uns, hat Christoph die zentrale Eigentümlichkeit betont, die vielen – und sicher auch dir, Max – in der Gegenwart fremd sein müsste: den Rationalismus der spätantiken Lebenskunst. Von den Epikureern wie den Stoikern sei ein gelingendes Leben in einem durch und durch rationalen Leben gefunden worden. Ein rational geführtes Leben sei nicht nur in guter Verfassung: so wie das Leben von Menschen – als Vernunftbegabten Wesen – sein soll; es sei auch glücklich, nämlich gelassen: es könne durch keine äußeren Widerfahrnisse, durch keine Ereignisse des leiblich-zeitlichen Lebens aus der Ruhe gebracht werden. Dafür sei es – nach Christoph – zentral, die konkreten Lebenssituationen, in denen man sich vorfindet, richtig zu beurteilen … nämlich so, dass sie einen nicht überfordern, bedrängen, in Aufruhr versetzen, sondern sich in Gelassenheit bewältigen lassen. Die Funktion der spätantiken Meditationspraktiken hat Christoph in einer umfassenden rationalistischen Erneuerung der Philosophierenden gefunden. Auf theoretischer Ebene führten diese Praktiken in eine zyklische Weltsicht hinein, die von einer ewigen Wiederkehr des Gleichen bestimmt ist und für die das individuell-erst-personale Erleben, Fürchten, Hoffen ohne Relevanz ist. In praktisch-existenzieller Hinsicht stellten die Meditationspraktiken Techniken der Selbst-Distanz und Ex-Zentrierung dar, in denen eine drittpersonale Perspektive jenseits des unmittelbaren leiblichen Betroffen-Seins eingeübt werde.

Das Glück, das die spätantike Lebenskunst vermitteln wollte, hat Christoph mit Bezug auf Grenzsituationen des Lebens deutlich gemacht: schwere Krankheiten, Armut, Verlust naher Verwandter, Freunde, aber insbesondere natürlich auf den bevorstehenden eigenen Tod als dem schlimmsten aller Schicksalsschläge. Es wären unterschiedliche Meditationspraktiken entwickelt worden, um selbst bei schwerem Leid nicht die Fassung zu verlieren, sondern gelassen zu bleiben. Zur Überwindung von Todesfurcht hätte etwa Epikur dazu aufgefordert, sich an den Gedanken zu gewöhnen, dass der Tod ohne Relevanz für das Leben sei, da sich

Tot-Sein zu keinem Zeitpunkt vor oder nach dem Todesereignis als schmerzhaft spüren ließe. Stoische Todesmeditationen hätten eher auf innere Abhärtung gesetzt. Eine stoische Todesmeditation hätte etwa darin bestanden, einen einzelnen Tag als Abbild des ganzen Lebens zu durchleben: den Morgen als Geburt, den Vormittag als Kindheit, den Mittag als Reife, den Nachmittag als Alter und den Abend als Sterben. Auf diese Weise wollten sich die Stoiker an den bevorstehenden Tod gewöhnen, um – wenn es denn einmal so weit ist – in ruhiger Gelassenheit sterben zu können.

Max: Ich weiß nicht, ob ich das könnte … und irgendwie hört sich diese Askese nun doch auch etwas langweilig an …

Jona: Ich vermute, dass solche Gelassenheit auch politisch problematisch ist – nach dem Motto: Atomkrieg, egal …

Olivia: In Richtung eurer Fragen ging auf dem Workshop auch die Diskussion, die sich an Christophs Vortrag entzündet hat. Ich versuch' mal, euch einen Eindruck davon zu geben. Die Entwicklung, die die Diskussion genommen hat, war nämlich sehr erhellend.

Bereits während Christophs Vortrags hat sich an Zoës Gesichtsausdruck ihr Unbehagen deutlich ablesen lassen. Als Christoph geendet hat, meldete sie sich sofort mit einem wütenden Einwand zu Wort: dass Christoph die problematische Tradition der Leibfeindlichkeit wiederbelebe, die den europäischen Rationalismus seit seinen antiken Anfängen bestimmt habe. Ich erinnere mich noch, dass ihr Raphaël sofort – noch ehe Christoph antworten konnte – beigesprungen ist. Mit den rationalistischen

Meditationspraktiken übe man sich doch darin, das unmittelbare leibliche Erleben zugunsten einer bestimmten Weltanschauung zu unterdrücken. Die Metaphysik von der ewigen Wiederkehr, für die das Einzelleben ohne Bedeutung sei, sei kritisch auf ihre ideologische Funktion zu hinterfragen. Mit der leiblichen Betroffenheit würden nämlich nicht nur die Quellen von kritischem Widerstand im Keim abgetötet; die spätantike Lebenskunst hätte sich in der Form, in der wir sie kennen, auch nicht
ohne die Sklaverei entwickeln können.

Max: Irgendwie funktioniert das gar nicht so anders wie die politische Expertenherrschaft, die in unseren Tagen aufgebaut wird: die Leute werden mithilfe von angeblich rationaler Expertise in die politische Urteilsenthaltung getrieben – damals wie heute …

Olivia: John ist dieser Ideologiekritik mit Vehemenz entgegengetreten. Zoë und Raphaël seien in ihrer Betonung des Leibes einem Mythos der Unmittelbarkeit verfallen. Das leibliche Erleben, auf das sich Zoë und Raphaël bezogen haben, sei seinerseits ein kulturelles Sprachspiel und keine unmittelbare Erfahrung der Wirklichkeit. Christoph – äußerlich ganz ruhig – hat John in dessen Kritik an einer Überhöhung des unmittelbar-leiblichen Erlebens zugestimmt. Zugleich hat er die kritischen Potenziale des spätantiken Rationalismus herausgestellt: dass er gerade zu einer kritischen Überprüfung von sozialen Praktiken befähige, die das scheinbar unmittelbare Fühlen bestimmten. Solche Kritik könne auch politischer Natur sein und gesellschaftliche Lernprozesse befördern – etwa: wenn rassistische oder sexistische Vorurteile kritisiert würden, die das unmittelbare Fühlen vieler Menschen bestimmten.

Jona: Ja, das ist wichtig …

Olivia: In ihrem Abschlussstatement hat Hannah der Diskussion eine interessante Wendung gegeben, an die ich vorhin bei deiner Langeweile-Bemerkung denken musste, Max. Hannah hat nämlich zum einen mit Christoph und John die kritischen Potenziale einer rationalistischen Lebenskunst bejaht; zum anderen hat sie aber auch in Anschluss an Zoë und Raphaël betont, dass sie sich dem Glücksverständnis der Gelassenheit nicht verschreiben wolle. Das Glück zufriedener Gelassenheit ziehe sie nicht an, weil ohne innere Teilnahme auch nichts wirklich Wichtiges erfahren werden könne, das dem Leben doch erst Sinn verleihe. Mit Blick auf die Klima-Krise hat Hannah gefragt, ob es nicht angemessener sei, angesichts der ungebremsten Erderwärmung zu verzweifeln, als sich in die Gelassenheit einzuüben, dass es dann halt vorbei mit dem unwichtigen Leben auf Erden sei.

Jona: Da hat sie nun auch wieder recht … das erinnert mich an Greta: „I don't want you to hope, I want you to panic" … oder so ähnlich.

Olivia: Ich fand vor allem interessant, dass Hannah die Frage aufgeworfen hat, wie Praktiken der rationalistischen Lebenskunst zu ergänzen wären, damit deren kritische Potenziale ausgeschöpft werden können, ohne deswegen ein glückliches Leben mit einem Leben in innerer Teilnahmslosigkeit kurzzuschließen, in dem man sich innerlich abtötet, gegen alles Widerfahrende abriegelt.

Max: Na und – haben die nächsten Referenten diese Frage beantwortet? Das wäre ja auch wichtig für unsere Ausgangsfrage nach der Erneuerung von Philosophen zu Menschen, die daran mitwirken, dass unsere Gesellschaft wirklich besser wird.

Raphaël und John: Methoden philosophischer Kritik an Lebensformen und sozialen Praktiken

Olivia: Um ehrlich zu sein, erinnere ich mich an die nächsten Vorträge nicht mehr genau. Im Gedächtnis ist mir noch das Podium mit Raphaël und John geblieben. Beide haben Hannahs Frage zwar noch nicht beantwortet, jedoch die kritischen Potenziale philosophischer Lebenskunst weiter ausgeleuchtet – die schon in Anschluss an Christophs Vortrag diskutiert worden waren. Raphaël und John haben aus ihren unterschiedlichen Perspektiven verschiedene Methoden und Techniken der Kritik an Lebensformen und sozialen Praktiken skizziert.

Raphaël hielt einen engagierten Vortrag über eine existenzialistische Lebenskunst. Dieser ginge es darum, sich keinen sozialen Leitbildern eines guten, gelingenden Lebens zu überlassen, sondern vielmehr die eigene, individuelle Existenz zu verstehen und zu ergreifen. Philosophie und politischer Aktivismus haben nach Raphaël zur gemeinsamen Aufgabe, die Menschenbilder, Glücksvorstellungen und sozialen Praktiken zu destruieren, die Menschen daran hindern, ihr individuelles Selbst-Sein zu leben. Näher hat er dies mit Bezug auf die Formen der Kritik ausgeführt, die gegenwärtig von der Anti-Rassismus- und Anti-Kolonialismus-Bewegung und der Critical Race Philosophy geübt werden.

Jona: Genau: solche Formen des strukturellen Rassismus müssen benannt werden.

Olivia: John berichtete von seinem Dissertationsprojekt über Philosophie als Therapie. Er berief sich dabei auf einen Gedanken des späten Wittgenstein, dass Philosophierende philosophische Probleme so behandelten wie Ärzte eine Krankheit. In solch einem therapeutischen Philosophieren ginge es darum, den Sprachgebrauch von Sprachgewohnheiten zu reinigen, die das Sprechen und Leben in scheinbar unlösbare Probleme verstrickten. Beispielhaft hat John solch eine Therapie der Sprache in Auseinandersetzung mit der verbreiteten Auffassung vorgeführt, dass der Tod als ein Übel zu fürchten sei. Der amerikanische Philosoph Thomas Nagel gibt zwei Gründe für die Rationalität der Todesfurcht an: dass das Leben als solches wertvoll sei; und dass der Tod dieses Gut denjenigen raube, denen er widerfahre. Um von der Todesfurcht zu kurieren, hat John nun an sprachlichen Suggestionen angesetzt, die Nagels Argumentation fehlgeleitet hätten. Durch die Subjekt-Objekt-Spaltungen der europäischen Sprachen sei Nagel dazu verleitet worden, „das Leben als solches" von seinen Qualitäten und die sterbende Person wiederum von ihrem Leben abzuheben. Nur deswegen hätte Nagel meinen können, dass sich das Leben nach Abzug all seiner Qualitäten als wertvoll bemessen ließe; und dass der Tod Menschen dieses Gut raube – obgleich mit seinem Eintreffen doch gar niemand mehr da sei, der beraubt werden könne. Todesfurcht hat John damit durch Kritik an verwirrenden Sprachgewohnheiten kurieren wollen. Die Transformation der Philosophierenden wird bei ihm zu einer Therapie des Sprechens.

Max: Ganz schön technisch … was haben die Anderen denn dazu gesagt?

Olivia: Es kam leider zu keiner richtigen Diskussion, da Raphaël schnell wegmusste: zu einer politischen Aktion seines Anti-Rassismus-Bündnisses. Es blieb nur Zeit für einen ergänzenden Kommentar von Christoph. Christoph hat auf weitere Formen rationaler Kritik hingewiesen, die in der kritischen Theorie entwickelt worden sind. Dabei werden Lebensformen mit Bezug auf ihre eigenen normativen Grundprinzipien überprüft. In Formen der internen Kritik werde gezeigt, dass soziale Prakti-
ken Konsequenzen zeitigen, die im Widerspruch zu ihren eigenen Grundprinzipien stehen. Als Beispiel für solche interne Kritik hat Christoph die Kritik am sogenannten „Rebound“- bzw. Bumerang-Effekt angeführt, die in der aktuellen Debatte über nachhaltiges Wirtschaftswachstum häufig angeführt wird. Wie ihr wahrscheinlich wisst – Jona und Max – wird dabei darauf hingewiesen, dass die Förderung von energiearmen Technologien zu einer Steigerung des Konsums führen kann, die die Potenziale zunichtemacht, Energie einzusparen. Die Förderung von grünem Wirtschaftswachstum wird damit im Ausgang von ihren eigenen Leitprinzipien kritisiert: den Energieverbrauch zu drosseln.

Von solcher internen Kritik hat Christoph die immanente Kritik von Lebensformen unterschieden. Dabei werden die inneren Widersprüche aufgewiesen, in die sich Lebensformen bei ihrer Umsetzung verstricken. Als Beispiel hat er auf die Kritik an evidenzbasierter Politik verwiesen, die ja auch unter uns schon Thema war, Jona und Max: dass an den Irrationalitäten, in die sich die evidenzbasierte Politik bei ihrer Umsetzung verstricke, die Problematik ihres Rationalitätsverständnisses hervortrete: politische Rationalität als Ableitung von politischen Entscheidungen aus wissenschaftlichen Evidenzen zu verstehen.

Jona: Ach, daher hattest du das vorhin …

Olivia: Genau: mich hat diese Art der Kritik an sozialen Praktiken überzeugt, um mit philosophischen Mitteln in der Öffentlichkeit gesellschaftliche Transformationen zu befördern … Aber freilich kann es manchmal auch klug sein, in der Öffentlichkeit andere Formen der Kritik zu wählen. Denkt zum Beispiel an die

Kritik der feministischen Philosophie an den Zementierungen von patriachalischen Herrschaftsstrukturen durch einen sexistischen Sprachgebrauch; oder …

Max: Entschuldige, wenn ich dich unterbreche – aber irgendwie sind wir jetzt doch wieder nur bei den Techniken. Wolltest du uns nicht eigentlich von den Transformationen der Philosophierenden durch das Philosophieren berichten?

Olivia: Bei ihrer Verabschiedung von Raphaël hat Hannah in Bezug auf deine Frage einen wichtigen Hinweis gegeben, Max: dass wir im bisherigen Verlauf des Symposions miteinander ein Verständnis rationaler Kritik an Lebensformen gewonnen hätten, das den Ballast des rationalistischen Glücksverständnisses hinter sich gelassen habe.

Max: Stimmt: das ist ein Schritt … aber was ist jetzt mit dem Leib und der leiblichen Gegenwart? Zumindest Johns Sprachkritik war doch wieder recht leibfern, oder?

Zoë: Leibesphänomenologische Lebenskunst

Olivia: Wenn ich mich recht erinnere, dann ging es auf dem Workshop vielen ähnlich wie dir, Max: Nach dem Fokus auf die Methoden der Kritik stand die Frage nach philosophischen Lebenskünsten im Raum, die rationale Kritik an Lebensformen integrieren – und die Philosophierenden dabei nicht auf ein Leben in innerer Teilnahmslosigkeit festlegen. Aufgrund ihrer scharfen Einsprüche gegen den Rationalismus warteten dann auch alle gespannt auf Zoë.

Mir hat sich ihr Vortrag eingeprägt, weil er sich bereits in seinem Stil sehr von den vorausgegangenen Vorträgen und überhaupt von den meisten Vorträgen unterschieden hat, die auf akademischen Tagungen üblicherweise gehalten werden. Zoë hat ihren Vortrag nicht als Darstellung von Forschungsergebnissen angelegt. Vielmehr hat sie uns an einem Prozess philosophischer Selbstverständigung teilnehmen lassen. Allgemeine Theorien hat sie mit Geschichten, Gleichnissen ergänzt.

Ausgegangen ist Zoë von einem Bild des Bootfahrens, mit dem der Zen-Meister Dôgen zu Übungen in eine leiblich verankerte Lebenskunst angeregt habe. Mir hat diese Erzählung großen Eindruck gemacht. Hört zu, ich spiele euch meinen Mitschnitt mal vor:

„Leben ist, wie wenn jemand in einem Boot dahingleitet. Auf diesem Boot gebrauche ich ein Segel und lenke mit einem Ruder. Auch wenn ich mich mit dem Stab fortstoße, so trägt mich das Boot und ich bin nichts außer dem Boot. Indem ich in dem Boot dahingleite, lasse ich dieses Boot Boot sein. In dieser richtigen und treffenden Zeit ist das Boot niemals nicht die Welt. Himmel wie Wasser wie Küste sind alle die Zeiten des Bootes. Sie sind nicht gleich den übrigen Zeiten, die nicht das Boot sind. Daher ist Leben, was ich leben lasse und ich bin, was Leben mich sein lässt. Beim Bootfahren sind Leib und Herz, Umgebung und ich selbst, beide das in sich bewegte Gefüge der

Momente des Bootes. Die ganze große Erde und der ganze leere Himmel, beides ist das in sich bewegte Gefüge der Momente des Bootes. Das Ich, das Leben ist, und das Leben, das ich bin, sind auf diese Weise."

Im Ausgang von diesem Bild hat Zoë die Meditationspraktiken erläutert, die in der fernöstlichen Philosophie praktiziert werden: Achtsamkeitspraktiken, in denen Lebensakte – Atmen, aber auch Gehen, Schreiben, theoretisches Unter-Scheiden, Ur-Teilen – bewusst ausgeübt werden. In der Wiederholung würde Achtsamkeit den übenden Philosophierenden zur zweiten Natur. Zum einen würden – leibesphänomenologisch gesprochen – Formen der „Einleibung" vollzogen. Ganz im Unterschied zu den Meditationspraktiken der europäischen Spätantike ginge es nicht darum, sich aus dem Leib-Zentrum herauszustellen, sondern vielmehr gerade darum, sich in die leibliche Gegenwart zurückzunehmen: um Re-Zentrierung und nicht um Ex-Zentrierung. Geübt würde, alle Tendenzen abzubauen, über die leibliche Gegenwart hinauszueilen, der Gegenwart zu entfliehen, um in der Vergangenheit oder Zukunft zu leben. Als Beispiel eines achtsamen Mitvollzugs des gegenwärtigen Lebens hat Zoë auf das bewusste Segel-Setzen, Lenken, Abstoßen des Bootes in Dôgens Bild verwiesen. Zum anderen ginge es auch darum, im Zuge der „Einleibung" in Resonanz-Beziehungen mit dem Begegnenden einzugehen. Auch darin unterscheiden sich die Meditationspraktiken, die Zoë vorgestellt hat, grundsätzlich von den Meditationspraktiken der westlichen Spätantike. Da das leibliche Leben – im Unterschied zum rationalen Leben – nicht im luftleeren Raum jenseits der Zeit, sondern inmitten von Situationen vollzogen werde, bedeute das Eingehen in das eigene Leib-Sein keine Abwendung, sondern gerade eine Hinwendung zur Welt, dem

Begegnenden. Mit Simone Weil gesprochen werde zusammen mit der „Einleibung“ eine Verwurzelung – ein „Enracinement“ – in der konkreten Gegenwart vollzogen, an der man leiblich teilhabe. Es werde ein mimetisches Sich-Einfügen in die Korrelationen mit dem Begegnenden eingeübt, das sich emotional für das Begegnende öffnet, mit begegnenden Lebewesen mitfühlt. So komme es zu den Resonanzbeziehungen aus „Leib und Herz, Umgebung und ich selbst“, von denen bei Dôgen die Rede sei.

Zoë hat erzählt, dass sie das Weisheitsideal angezogen habe, das die fernöstliche Lebenskunst durchdringe – dass Weisheit praktisch verstanden werde: als eine Disposition des Handelns in konkreten Situationen. In der fernöstlichen Philosophie gelten Menschen als weise, die in konkreten Lebenssituationen so handeln, wie es die konkreten Handlungsvollzüge verlangten. Weise Menschen lebten in leiblicher „Einsfühlung“ mit dem Begegnenden, in der Gegenwart jenseits des Bruchs von Selbst und Welt, von Eigen- und Weltzeit. Angezogen sei sie aber auch von dem Glück, das dieses Weisheitsideal eröffnet: ein Leben in Resonanz mit dem Begegnenden, das schmerzhafte Erfahrungen nicht glättet, theoretisch weg-argumentiert, aber integrieren kann – das fähig ist, im klaren Wissen um alles Schmerzhafte heiter zu leben.

In dieser Weisheitskultur findet Zoë eine radikale Gegenkultur zu den Formen der westlichen Naturausbeutung. Darin würden nämlich die Dualismen von Geist und Körper, Kultur und Natur unterlaufen, die die rationalistische Philosophie und Kultur des Westens prägten. Und in ebendiesen Dualismen sieht Zoë die Quellen der Verdinglichung, Unterwerfung und Ausbeutung all dessen, was die rationalen Subjekte der westlichen Neuzeit als fremde „Natur“ von sich ausschließen: ihren eigenen Leib, nicht-menschliche Lebewesen, die Umwelt.

Max: Die Frau ist echt beeindruckend in ihrem Kampf gegen die Vorherrschaft des neuzeitlichen Rationalismus. Hast du nicht gesagt, dass sie Zenmeisterin ist? Vielleicht gibt sie ja Kurse?

Jona: Wart mal mit deinen Begeisterungsbekundungen, Max … Olivia, ich sehe immer noch nicht, wie du bisher die Frage beantwortet hättest, die Max vorhin zurecht erinnert hat: inwiefern all die Gespräche, von denen du berichtet, dich und deine philosophischen Kolleg:innen so erneuern, dass ihr gesellschaftliche Transformationsprozesse anregen könnt, die wirklich etwas besser machen.

Max: Wieso? Die Überwindung des neuzeitlichen Rationalismus mitsamt seiner Herrschaftspraktiken ist doch eine gesellschaftliche Verbesserung, oder?

Olivia: Um ganz ähnliche Fragen ist auch die Diskussion gekreist, die sich an Zoës Vortrag angeschlossen hat. Hört her:

Christoph hat als erster das Wort ergriffen und die Diskussion über unmittelbar-leibliches Erleben und sozio-kulturellen Formen fortgesetzt, die bereits in Anschluss an seinen eigenen Vortrag geführt worden ist: ob Zoë die Komplexität des personalen Lebens von Menschen in ihrer Lebenskunst nicht unterschätze, die auf leibliche Re-Zentrierung abziele … Die Achtsamkeit, die Zoë einübe, sei nicht „natürlicher“ als die technische Beherrschung, Unterwerfung der Natur; ein „entschleunigtes“ Leben nicht „natürlicher“ als ein Leben unter den modernen Beschleunigungsimperativen …

Max: Das mag schon stimmen, was Christoph da gesagt hat, aber es geht doch an Zoës kritischer Stoßrichtung vorbei: dass Achtsamkeit vielleicht nicht natürlicher, aber auf alle Fälle besser ist als Praktiken der Beherrschung und Unterwerfung der Natur. Darin sind Zoës Meditationspraktiken denen von Christoph politisch gerade überlegen.

Olivia: In eine ähnliche Richtung hat Hannah argumentiert. Daraufhin hat nun jedoch John nachgelegt. Er hat Zoë in Sokratischer Manier in ein Gespräch verwickelt, in dem er – ganz Christophs Schüler – ein Leben in Achtsamkeit intern kritisiert hat: mit Bezug auf dessen eigene Prinzipien des Naturschutzes. Scheinbar unverfänglich hat er Zoë zunächst gefragt, ob diese die Schädigung des Klimas durch Treibhausgase wolle. Als diese das verneint hat, hat John ihr entgegengehalten, dass sie ihre Ethik der Achtsamkeit dann um allgemein-gültige Prinzipien der Umweltethik ergänzen müsse. Praktiken, die achtsam ausgeübt werden, könnten nämlich durchaus umweltethisch fehlgeleitet seien. Dann würde das Handeln zwar so ausgeübt, wie es ebendieses Handeln verlange, hätte aber gleichwohl zerstörerische Folgen. John hat dies dann gleich auch noch illustriert, indem er Dôgens Bild ein klein wenig abgeändert hat: zum Bild des perfektionierten Fahrens eines Kreuzfahrtschiffs, in dem Wind, Wetter, Seegang, das Funktionieren der Technik, das Steuern der Mannschaft, die Herzen der Passagiere usw. ein in sich stimmiges Ganzes bildeten – das nebenbei aber Unmengen an Abgasen produziere und zur Destabilisierung der Erdprozesse beitrage.

Jona: Dass irgendetwas an der Achtsamkeits-Mode nicht stimmt, habe ich mir kürzlich auch gedacht. Das mit dem Sich-Einfügen in Lebensprozesse hört sich erst einmal schön an, kann aber moralisch ganz schön fragwürdig werden. Mir ist das klar geworden, als ich auf die berühmte Geschichte von einem Dao-Philosophen gestoßen bin, der das Schlachten von Tieren idealisiert … wartet mal [sie tippt auf ihrem Smartphone herum] … hier ist's: „Der Koch Ding zerteilte einen Ochsen für den Fürsten Wen Hui. Wo immer seine Hand zupackte, seine Schulter sich anlehnte, sein Fuß hintrat, sich sein Knie anstieß, da fiel

das Fleisch mit einem zischenden Laut. Ritsch und ratsch, jeder Streich seines Messers war völlig im Einklang. Es stimmte zusammen wie im Tanz des Maulbeerbaum-Hains und in der Melodie des Jungshou." Da werden dann Zoës „Ur-Teils"-Übungen auf einmal ziemlich blutig …

Olivia: Zoë hat diesem Einwand entgegengehalten, dass darin unterschiedliche Praxis-Ebenen vermischt werden. Zwar könnten das Lenken eines Kreuzfahrtschiffs, das Schlachten eines Tieres, sogar das Töten eines Menschen genauso perfektioniert werden wie das Lenken eines Segelboots. Der Umstand, dass bestimmte zerstörerische Praktiken ausgeübt würden, spreche jedoch nicht gegen eine Kultur der Achtsamkeit, sondern rücke vielmehr in den Blick, dass andere Praktiken nicht achtsam vollzogen würden – nämlich: insbesondere die politische Praxis des Gesetzgebens, die darüber entscheidet, welche Praktiken in politischen Gesellschaften ausgeübt werden und welche nicht.

In Anschluss an diese These ist es zwischen John, Zoë und Christoph zu einer Auseinandersetzung über gutes Gesetzgeben gekommen. John hat darauf verwiesen, dass Gesetzgeben – im Unterschied zum Segeln – eine normative Praxis darstelle und deswegen auf ethische bzw. politische Leitprinzipien angewiesen sei. Dem hat Zoë entgegengehalten, dass Menschen kein allgemeingültiges Wissen über solche obersten Prinzipien erreichen können, weshalb es auch beim Gesetzgeben nur darum gehen könne, achtsam zu sein und umsichtig alle Aspekte ins Auge zu fassen, die situativ zu berücksichtigen seien. Christoph hat daraufhin auf mögliche Wertkonflikte bei der Gesetzgebung aufmerksam gemacht, die sich nicht allein durch Achtsamkeit entscheiden ließen. Als Beispiel hat er den Konflikt zwischen den Ansprüchen des Wirtschaftswachstums und der Nachhaltigkeit im Umgang mit der Natur angeführt. Im Laufe der Auseinandersetzung ist nicht nur die inhaltliche Kritik immer schärfer geworden, der Ton ist auch immer härter geworden. Verständigung schien nicht mehr möglich zu sein.

Hannahs Fragen

Mitten in das erbittert geführte Wortgefecht hinein hat sich Hannah zu Wort gemeldet. Die Verhärtungen zwischen den Schulen hat sie durchbrochen, indem sie uns alle als „liebe Freundinnen und Freunde" angesprochen und die Verwirrung zum Ausdruck gebracht hat, die die meisten unter uns an diesem Punkt unseres Symposions geteilt haben. Sie hat bekannt, dass sie nicht weiterwisse. Sie habe während des Symposions wichtige Einsichten empfangen. Die Referentinnen und Referenten haben sie verstehen lassen, dass eine philosophische Lebenskunst Praktiken der rationalen Ex-Zentrierung und der existenzialistischen und leibesphänomenologischen Re-Zentrierung umfassen sollte: unterschiedliche Formen der Kritik an sozialen Praktiken, Lebensformen, Sprachspielen sowie Formen der Einleibung, Verwurzelung in der Gegenwart und der Einübung in Achtsamkeit. Zugleich seien ihr durch die wechselseitige Kritik aber auch die Grenzen aller Schulen philosophischer Lebenskunst deutlich geworden. Insbesondere habe sie verstanden, dass die verschiedenen Lebenskünste eigene Blindheiten beim Verständnis des Begegnenden hervorbringen und dass sie bei der Kultivierung der Philosophierenden unterschiedliche Aspekte ihres personalen Lebens vernachlässigten. Angesichts dieser Grenzen habe sie den Eindruck gewonnen, dass sich die bisher vorgestellten Lebenskünste nur in begrenztem Maße als Praktiken eigneten, um Philosophierende nicht nur zu verändern, sondern irgendwie auch besser und glücklicher zu machen.

Vor dem Hintergrund dieser kritischen Zwischenbilanz hat Hannah den Fragekomplex aufgeworfen, den du – Jona – vorhin wohl bereits vor Augen hattest: ob es möglich sei, die Potenziale sowohl der rationalen Ex-Zentrierung als auch der leibesphänomenologischen Re-Zentrierung zu verbinden und Philosophierende auf diese Weise in allen Aspekten ihres Mensch-Seins zu schulen. Und ob solch eine ganzheitliche Lebenskunst die unterschiedlichen Leitbilder eines gelingenden Lebens hinter sich lassen könne, die die bisher vorgestellten Lebenskünste bestimmen und die während des Symposions allesamt zurecht kritisiert worden sind. Leider sehe sie nicht, wie solch eine rückhaltlose Lebenskunst aussehen könnte, bitte uns alle jedoch, ihr bei ihrer Suche zu helfen. Sie hoffe nämlich, von solch einer Lebenskunst ganzheitlich gebildet und zu einer Person geformt zu werden, die mit den Techniken der philosophischen Kritik in der Öffentlichkeit gesellschaftliche Verbesserungen anstoßen kann.

Max: Jetzt verstehe ich, warum die „tolle" Hannah dir solch einen Eindruck gemacht hat, Olivia. Und jetzt verstehe ich auch, warum du uns all das erzählst hast: Euer Symposion ist tatsächlich in der Frage kulminiert, die wir dir vorhin gestellt haben.

Inwiefern werdet ihr durch euer Philosophieren in allen Aspekten eures Mensch-Seins denn so vervollkommnet, dass ihr in der Öffentlichkeit – wenn ich so sagen darf – als Lehrer in politischer Klugheit fungieren könnt?

Diotima: Erotisches Philosophieren, das hier und jetzt in actu ausgeübt werde

Olivia: Tatsächlich waren auch auf dem Symposion alle durch Hannahs Frage wieder ganz bei der Sache: Die Einen hat sie aus ihren Schulstreitigkeiten und die Anderen aus ihrer Online-Meeting-Schläfrigkeit herausgerissen und in das gemeinsame Gespräch hineingezogen. Alle warteten nun gespannt Diotimas Rede, insbesondere da Diotima – die bisher geschwiegen hatte – der Ruf vorausging, in ihrem Leben viel vereint zu haben. Ich hab' euch – Max und Jona – ja bereits von ihrem vielfältigen Leben berichtet.

In ihrem Vortragsstil hat sie sich nicht nur von Christoph, John und den Anderen, sondern auch nochmals von Zoë abgehoben. Im Unterschied zu deren in sich gekehrtem, monologischem Sprechen hat sich Diotima direkt an uns gewendet und uns – wie Hannah – als Freundinnen und Freunde angesprochen. Sie hat uns weder Forschungsergebnisse noch einen eigenen Selbsterkenntnisprozess vorgestellt, sondern ist in ihrer Rede von unserem Miteinander ausgegangen und hat es explizit zum Thema gemacht. Aber hört sie selbst! Ich spiele euch ihre Rede vor – Diotima hat mir erlaubt, meinen Mitschnitt zu verbreiten:

„O Freundinnen, O Freunde, Freundinnen und Freunde gibt es nicht …

Dieser enigmatische Satz ist das pluralisierte Zitat eines Ausspruchs von Aristoteles. Es wird berichtet, dass Aristoteles diesen Satz – in allein männlicher Form – immer wieder in laufenden Gesprächen gesagt habe. Es mag euch vielleicht merkwürdig erscheinen, aber mein Beitrag zu unserem Symposion besteht in ebendiesem Ausspruch. Für die philosophische Lebenskunst, die wir miteinander jetzt und in Zukunft ausüben, kann er nämlich mehrere zentrale Funktionen erfüllen. Mit seiner Hilfe kann ich zunächst einmal reflektieren, dass wir im Rahmen unseres Symposions nicht nur über Lebenskunst sprechen, sondern dass Hannah mit ihrer Zwischenintervention unter uns philosophische Lebenskunst in praxi angefangen hat. Ich werde euch Hannahs Lebenskunst als die rückhaltlose Lebenskunst eines erotischen Philosophierens vorstellen, das nicht im Monolog, auf sich allein gestellt, sondern nur im Plural unter philosophischen Freundinnen und Freunden ausgeübt werden kann. Darüber hinaus kann ich mit meinem Ausspruch das erotische Philosophieren, das Hannah unter uns gebahnt hat, meinerseits bewähren und euch zu seiner Fortsetzung befähigen. Auf Bewährung durch Andere – mich, euch – ist diese Lebenskunst aufgrund ihrer dialogisch-pluralen Anlage nämlich angewiesen. Zur Fortsetzung dieser rückhaltlos-pluralen Lebenskunst mögt ihr künftig motiviert werden, da das erotische Philosophieren genau solch eine ganzheitlich-integrative Vervollkommnung eröffnet, nach der Hannah in ihrer Intervention unter unser aller Zustimmung gefragt hat – ohne dabei eure unterschiedlichen Lebenskünste überwinden zu wollen. Aber lasst mich die Funktionen meines Ausspruchs für unser Miteinander näher ausführen. Ich werde dafür im Folgenden in vier Schritten vorgehen.

Erstens: Mit meiner Anrede ‚O Freundinnen, O Freunde'

rücke ich zunächst Hannahs Anrede ins Zentrum unserer Aufmerksamkeit. Wenn Hannah uns vorhin als Freundinnen und Freunde angesprochen hat, so war das keine bloße Konvention, auch keine peinlich-kitschige Redensart. Hannah hat uns damit vielmehr etwas verstehen lassen: dass wir uns hier und jetzt nicht als fremde Personen oder gar bloß rationale Subjekte, sondern vielmehr als Personen versammeln, die in all ihrer Verschiedenheit ein Begehren teilen. Zwar leben wir unterschiedlich, haben unterschiedliche intellektuelle Biographien, gehören unterschiedlichen philosophischen Strömungen an; aber gleichwohl teilen wir eine Form des erotischen Begehrens nach einem gelingenden Leben. Das erotische Glücksbegehren, das wohl alle Menschen in sich tragen, leben wir – zumindest: hier und jetzt – im Modus der Philosophie. Alle finden wir in einem Philosophieren, das uns in unserer Existenz transformiert, die Quelle eines gelingenden Lebens. Christoph und John begehren ein Leben, das gelingt, da es mithilfe von Kritik an Sprachgewohnheiten und sozialen Praktiken von Gründen orientiert wird; Zoë ein Leben, das durch Achtsamkeitspraktiken in leiblicher Verankerung im Augenblick gelingt; und ähnlich all die Anderen.

Zweitens möchte ich euch – in Anschluss an Hannah – nicht nur daran erinnern, dass wir ein vielgestaltiges philosophisches Begehren teilen; mit meiner Anrede ‚O Freundinnen, O Freunde' möchte ich eure Aufmerksamkeit zugleich auch auf die Erneuerungen lenken, die unser geteiltes philosophisches Glücksbegehren bei Hannah gewinnt. Bei Hannah erfährt es eine pluralistisch-freundschaftliche Wendung. Wenn Christoph und John durch Begriffsarbeit, Zoë durch leibesphänomenologische Studien, Raphaël durch Kritik an sozialen Normalisierungen glücklich werden wollen, dann blenden sie alle die Grenzen ihrer jeweiligen Schulen – Perspektiven, Methoden, Theoreme – aus. Alle sind auf diese Weise – implizit oder explizit – Leitbildern eines glücklichen Lebens verpflichtet, an die sie ihre individuelle Existenz mithilfe ihrer Techniken der Lebenskunst annähern wollen. Zugleich wurden unter uns all diese Leitbilder aber – zurecht – als verkürzt kritisiert. Wenn Hannah uns nun als Freundinnen und Freunde anspricht und um Unterstützung bei ihrer Suche nach einer ganzheitlichen Lebenskunst ohne Leitbild bittet, dann zieht sie die Konsequenz aus diesen Verkürzungen – und zwar nicht nur rational, sondern gerade auch erotisch. In ihrer Bitte bringt sie das dialogisch-pluralistische Begehren zum Ausdruck, durch pluralistischen Streit glücklich zu werden. Damit lässt sie uns an ihrem erneuerten Begehren nach einer philosophischen Streitkultur teilhaben: einer Streitkultur, in der Philosophierende einander durch Kritik von ihren Schulgrenzen und damit von den Blindheiten, Irrtümern und Vorurteilen befreien, die sie an der Erfüllung ihres Begehrens nach Glück durch philosophisches Erkennen hindern. Gegenüber ihren Vorrednerinnen und Vorrednern hat Hannah einen Lernschritt im erotischen Begehren gemacht. Sie hat gelernt, die Schönheit pluralistischer Debatten zu sehen und von ihnen die Vervollkommnung ihres Lebens ohne Rückhalt, ohne Leitbild zu erhoffen.

Drittens: Hannah bringt mit ihrer Intervention nicht nur ein pluralistisch erneuertes philosophisches Begehren zum Ausdruck, sie bahnt unter uns zugleich auch eine Praxis, mit der wir den beglückenden Vervollkommnungsprozessen konkrete Wirklichkeit verleihen können, die sie unter uns sichtbar und begehrbar gemacht hat.

Hierauf verweise ich euch mit meinem Hauptsatz ‚Es gibt keine Freundinnen und Freunde'. Wenn ich diesen Satz in Anschluss an meine Anrede ‚O Freundinnen, O Freunde' gesagt habe, dann habe ich damit – genauso wie Aristoteles – keinen Selbstwiderspruch konstruiert. In Anschluss an Aristoteles vertrete ich in diesem Hauptsatz nämlich nicht die These, dass der Begriff „Freund" bzw. „Freundin" leer sei – wodurch er freilich in Konflikt mit meiner Anrede geriete. Vielmehr erinnere ich eine pragmatistische Einsicht aus der Aristotelischen Ethik: dass es Freundschaft nicht so gibt, wie es irgendwelche Fähigkeiten gibt; dass Freundschaft gerade nicht in einer Disposition aufgeht – sondern dass sie gelebt werden will. Menschen sind nicht einfach dadurch Freundinnen und Freunde, dass sie ein bestimmtes Glücksbegehren teilen – so wie wir; und sie sind auch nicht dadurch Freundinnen und Freunde, dass sie einander mögen, einander in ihrem Glücksbegehren verstehen und bejahen. Um befreundet zu sein, müssen Menschen ihre Freundschaft leben, kultivieren, ihr Miteinander so gestalten, dass ihre Freundschaft darin konkrete Gestalt gewinnt.

Mit meinem Satz weise ich euch nun auf die besondere Freundschaftskultur hin, die Hannah mit der *Art* ihrer Intervention unter uns angefangen hat. Indem sie uns um Unterstützung bittet, erneuert sie nämlich unsere pluralistische Streit-Praxis. Sie lässt den bisherigen Schulstreit hinter sich: unsere bisherige Ausgestaltung der Pluralität unserer Perspektiven und Methoden als verhärtete Blockbildung. Und zugleich bahnt sie den pluralistischen Streit als Freundschaftskultur: als eine Praxis des Streits zwischen Vertreterinnen und Vertretern unterschiedlicher Schulen, die ihre plurale Vielstimmigkeit als Erkenntnis-Chance ergreifen: die aus ihren unterschiedlichen Positionen zwischen Nicht-Wissen und Wissen miteinander zu lernen, indem sie wechselseitig ihre jeweiligen Formen des Nicht-Wissens sichtbar machen und kritisieren. Getragen ist solch eine Kultur des pluralen Lernens freilich nicht nur vom geteilten Wissen um die Erkenntnisgrenzen der eigenen Schule, sondern auch von Hannahs dialogisch-pluralistischem Begehren nach Korrektur durch die Anderen sowie von der freundschaftlichen Bejahung der Anderen als ernsthaften Philosophinnen und Philosophen. Genau in solch einer freundschaftlichen Streitkultur – die vom geteilten Begehren getragen ist, von- und miteinander zu lernen – kann dann auch das Glück konkrete Wirklichkeit gewinnen, nach dem wir uns in unserem pluralen philosophischen Begehren sehnen: in Erkenntnisprozessen philosophische Lebensorientierung zu gewinnen. In wechselseitiger Kritik und Belehrung kann nämlich die Fähigkeit der Lebensklugheit gewonnen werden: ohne allgemeine Leitbilder an konkreten Lebenssituationen die Prinzipien, Werte, Interessenskonstellationen, Handlungsoptionen aufzusuchen, die es bei ihrer Beurteilung und Gestaltung zu berücksichtigen gilt. Dabei können die ‚Forderungen der Stunde' freilich sehr unterschiedlicher Art sein, die philosophische Freundinnen und Freunde miteinander lernen zu verstehen: etwa in leiblicher Verwurzelung ein Segelboot zu steuern oder sich politisch für das Verbot von Kreuzfahrtschiffen zu engagieren."

Jona: Deswegen hat Diotima wohl auch keinen vorbereiteten Vortrag gehalten …

Olivia: Genauso habe ich ihr Sprechen auch verstanden: als den Beitrag, den sie persönlich an dieser Stelle unseres Symposions zu leisten hatte – ohne dass sie dies vorab hätte wissen oder planen können.

Max: Mir ist irgendetwas entgangen – auch wenn Diotima spricht wie gedruckt … aber warum hat sie Hannah eigentlich so bejubelt? Hast du das verstanden, Jona?

Jona: Ich glaub' schon. Bisher hatten alle Vortragenden ihr Symposion nur als eine Art Tablett benutzt, um darauf ihre eigenen Lebenskünste zu präsentieren. Diotima hat gejubelt, weil Hannah das Symposion nun ihrerseits zu einer Lebenskunst geformt hat, die sie alle miteinander in diesem Moment ausgeübt haben – als so 'ne Art Happening. Und dabei hat Hannah die erotischen Aspekte unseres Miteinanders sichtbar und als Quelle unserer geteilten Lebenskunst fruchtbar gemacht. Auf diese Weise hat sie die plurale Vielstimmigkeit des Symposions in praxi genau zu der philosophischen Lebenskunst ausgestaltet, nach der sie – unter allgemeiner Zustimmung – gefragt hat: zu einer rückhaltlosen Lebenskunst, die sich jeder Einengung auf ein bestimmtes Leitbild gelingenden Lebens enthält und diejenigen, die sie ausüben, in allen Aspekten ihres Lebens – sozusagen: mit Leib und Seele – bilden kann.

Max [zögernd]**:** Guuut … aber worin unterscheidet sich Hannahs Lebenskunst denn nun genau von der Kooperation zwischen den Weltanschauungen, für die ich vorhin eingetreten bin? Jona – kannst du mir das in einfachen Worten erklären?

Jona: Na klar. Wir hatten doch vorhin schon gesehen, dass deine sogenannte Kooperation gar keine wirkliche Kooperation ist, weil sie jeden Streit von vornherein durch dein „Meine Perspektive – Deine Perspektive" umgeht. Bei Hannah ist das anders. Hannah sucht den Streit, sie will Kritik – auch an sich selbst.

Kooperativ ist ihr Streit, weil er unter Philosophierenden ausgeübt wird, die von ihm die Befreiung von ihren eigenen Vorurteilen begehren. Deswegen hat Diotima doch auch von einer *erotischen* Lebenskunst gesprochen: weil die Philosophierenden ihr Begehren, durch Lernprozesse glücklich zu werden, nur gemeinsam leben können. Flapsig formuliert sagst du: Wir haben alle recht, darum müssen wir auch nicht streiten, jeder und jede soll in seiner/ihrer Welt in Ruhe gelassen werden. Hannah sagt dagegen: Wahrscheinlich haben wir alle unrecht, deswegen sollten wir einander befragen und miteinander streiten, um miteinander zu lernen, die Welt besser zu verstehen und besser zu gestalten, die wir in all unserer Verschiedenheit teilen.

Max: Danke, Jona! Da fällt mir ein, dass ich kürzlich gelesen habe, dass das Wort „Philo-Sophieren" darauf hinweist, dass es sich bei dieser Tätigkeit um eine Liebespraxis handelt. Wow: darum geht es hier! In Hannahs fragendem Reden ist Philosophieren von nüchterner Forschung zu einem Liebesereignis unter philosophischen Freunden geworden, die ganz in ihr Philosophieren hineingezogen sind: philosophisch begehren, Erkenntnis erotisch empfangen, wohl auch ineinander zeugen??

Aber hatte Diotima nicht gesagt, dass sie nicht nur über Hannah sprechen, sondern auch selbst noch etwas zu dieser erotischen Lebenskunst beitragen wolle?

Olivia: Stimmt. Und damit kommt jetzt das Zeugen, Befähigen. Hört euch den Schluss ihrer Rede an:

„*Viertens:* möchte ich mit meinem pluralisierten Aristoteles-Ausspruch dann doch noch eigene Beiträge zu der rückhaltlosen

Lebenskunst eines erotischen Philosophierens leisten, Beiträge, die Hannah – auf sich selbst gestellt – nicht mehr hat übernehmen können. Zum einen habe ich die freundschaftlich-pluralistische Streitkultur bewusst fortgesetzt, die Hannah unter uns gebahnt hat. Ich habe mich nicht nur von Hannahs pluralistischem Begehren anstecken, sondern mich auch von ihr ins Führen von transformierenden Streitgesprächen unter philosophischen Freundinnen und Freunden einführen lassen.
In dieser dialogischen Fortführung habe ich Hannahs erotischer Lebenskunst unter uns eine erste konkrete Gestalt verliehen.

Und zum anderen befähige ich euch dazu, die rückhaltlose Streitkultur eines erotischen Philosophierens eurerseits fortzuführen – indem ich euch den Neuanfang ins Bewusstsein hebe, den Hannah mit ihrem Fragen unter uns gemacht hat. Wenn ihr in diese Fortsetzung einwilligt, dann können wir im konstruktiven Disput unsere bisherigen Verhärtungen überwinden und unsere unterschiedlichen Perspektiven und Methoden der rationalen, existenziellen, sprach-pragmatischen, körper-leiblichen Lebenskunst verschränken – ohne sie zu einer neuen Super-Lebenskunst zu verschmelzen. [In Klammern bemerkt: es war kein Zufall, dass sich Hannah mit ihrer Intervention erst zu einem späten Zeitpunkt innerhalb unseres Symposions zu Wort gemeldet hat – bildet ihre pluralistische Lebenskunst doch eine genuine Verschränkungskunst, die auf die Vielheit all unserer Lebenskünste angewiesen ist, nur zwischen ihnen ausgeübt werden kann.] In der Vielstimmigkeit unserer Perspektiven, Theorien, Methoden und Techniken würden unsere philosophischen Transformationen nicht mehr durch die Einseitigkeiten unserer Einzelperspektiven korrumpiert. Sie ergänzten sich vielmehr so, dass sie uns in allen – köper-leiblichen, seelischen, geistigen –

Aspekten unseres Mensch-Seins bildeten und im Plural das vermittelten, woran wir als Einzelne scheitern müssen: weise zu werden. Damit könnten wir zugleich miteinander zu Menschen werden, die auch zur Verbesserung der Gemeinschaften beitragen, in denen sie leben.

Ich bin mit meiner Rede ans Ende gekommen. Nun ist der Ball bei euch. Liebe Freundinnen, liebe Freunde, Freundinnen

und Freunde gibt es nicht – ich bin gespannt auf eure Bemerkungen, Einwände, Kritik."

Max: Langsam verstehe ich dich, Olivia. Bei dieser freundschaftlichen Streitkultur hast du dann gleich mitgemacht ... und dich so zusammen mit deinen Lebenskünstler-Freunden auf Jonas und meine Frage vorbereitet, stimmt's?

Jona: Aber wie ging es denn dann weiter? Wenn das der Anfang deines Bildungsprozesses war, dann müssen die Anderen ja auch mitgemacht haben. Oder?

Der Streit unter philosophischen Freundinnen und Freunden über erotisches Begehren, philosophisches Lernen, den Anfang und die Darstellungsform erotischer Lebenskunst und das Verhältnis von philosophischen und politischen Debatten

Olivia: Genau das ist passiert. Nach Diotimas Rede haben wir anders miteinander gesprochen. Es wurde nicht weniger gestritten, aber es wurde – im Sinne von Diotimas erotischem Philosophieren – getragen vom Begehren gestritten, unsere philosophischen Lebenskünste im Plural miteinander zu perfektionieren. In der Diskussion hat John eine erste Frage aufgeworfen – die euch vielleicht auch schon in den Sinn gekommen sein mag: ob Diotimas Verständnis des Begehrens nicht allzu vergeistigt sei; ob die Platonische Liebesphilosophie, in deren Tradition sie stehe, sie nicht übersehen lasse, dass Begehren zunächst und wesentlich sinnlicher Trieb, geschlechtliches Begehren sei.

Jona: Irgendwie stimmt das und irgendwie auch nicht … anziehend ist das philosophische Ringen um ein glückliches Leben ja schon irgendwie …

Olivia: Deswegen hat Zoë John dann auch widersprochen: dass John Diotimas Korrektur an Platon entgangen sei, da er sich seinerseits in den Bahnen des neuzeitlichen Körper-Geist-Dualismus bewege – und ihm Liebe auseinanderbreche in geistig-entleiblichte Agape-Liebe und sinnliches Eros-Begehren. In der Tradition Platons sei es Diotima zunächst einmal möglich geworden, diesen Dualismus zu unterlaufen, indem sie erotisches Begehren mit Platon von seiner Ausrichtung auf Glück, auf ein gelingendes Leben her verstehe und zwischen verschiedenen – körperleiblichen, seelischen, geistigen – Gestalten erotischen Begehrens unterschieden habe. Diotima hätte aber nicht nur mit der neuzeitlichen, sondern auch mit der antiken Leibfeindlichkeit gebrochen, indem sie keine Hierarchie zwischen diesen Gestalten eingeführt habe. Weder habe sie ja – wie Platon – das philosophische Begehren als genuin menschliches Begehren noch das Glück philosophischer Transformation als das genuin menschliche Glück behauptet. Auch wäre bei Diotima das Begehren, durch philosophische Transformation glücklich zu werden, nicht vergeistigt-leiblos – wenn freilich auch nicht in Johns Sinne sinnlich-sexuell. Auch wenn sie nicht davon gesprochen habe, würde

Diotima dem philosophischen Begehren sicher körper-leibliche Aspekte zurechnen: etwa leibliche Achtsamkeit, körper-leibliches Hingezogen-Werden zu bestimmten Menschen, Engung oder Weitung des Herz-Brust-Bereichs, Erhöhung der Herzfrequenz usw.

Max: Also meinerseits bin ich weiterhin zu dieser Zoë hinge-

zogen …

Olivia: Nachdem Diotima ihre Zustimmung zu Zoë signalisiert hat, hat sich Christoph mit dem leicht ironisch gefärbten Bedauern darüber zu Wort gemeldet, dass er nun doch noch einmal Öl ins Feuer gießen müsse. Er sehe nämlich nicht, wie Diotimas Lernen zwischen den Schulen genau funktionieren könne. Vielmehr scheine sich Diotima zwischen zwei Alternativen entscheiden zu müssen, die in ihrem Vortrag angelegt seien, ihr aber kaum gefallen dürften.

Auf der einen Seite habe sie nämlich manchmal den Anschein einer relativistischen Deutung des philosophischen Streits erweckt: dass philosophische Streitgespräche zwischen verschiedenen gleichberechtigten Positionen stattfänden, deren Sprachspiele unterschiedliche Welten konstruierten. Bei solch einer Deutung philosophischer Streitgespräche sei es jedoch fraglich, ob geteiltes Lernen zwischen Anhängern unterschiedlicher Paradigmen einfach dadurch möglich werde, dass alle sich an das geteilte Begehren nach philosophischer Transformation erinnerten. Schließlich müssten Hinweise, die in einer Tradition als Argument gelten, in einer anderen Tradition nicht als Argumente akzeptiert werden. An dieser Stelle hat Zoë Christoph beigepflichtet: Das Problem wäre aus ihrer Sicht noch schwerwiegender, da sich philosophisches Lernen in ihrer Tradition philosophischer Lebenskunst gar nicht primär im Modus des Argumentierens, sondern des Sehen-Lernens vollziehe. Unter den Bedingungen von solch einem Relativismus – so hat Christoph resümiert – könne wohl überhaupt nicht von geteilten Lernprozessen gesprochen werden, da keine Einigkeit über die Maßstäbe bestünde, an denen Lernfortschritte bemessen würden.

Jona zu Max**:** Fast tust du mir leid, du kriegst es heute ja ganz schön dicke …

Max zu Jona**:** Wart nur ab: es fehlt ja noch das andere Horn von Christophs Dilemma: jetzt bist du dran …

Olivia: Ja, tatsächlich …

Diotima habe die Probleme des Relativismus wohl gespürt – so Christoph – und deswegen manchmal auch so gesprochen, dass es sehr an Habermas' herrschaftsfreien Diskurs erinnert habe. Dann würden philosophische Debatten in Streitgesprächen zwischen rationalen Subjekten geführt, die hinter ihre Perspektiven zurücktreten, miteinander rational streiten und lernen können. Jenseits von Perspektiven, sozialen, politischen Machtinteressen könne sich dann das beste Argument durchsetzen. Aber – so hat Christoph skeptisch eingewandt – seien Menschen wie Zoë dann wahrscheinlich von Anfang an nicht mehr mit im Boot. Zoë hat dies bestätigt und ergänzt, dass es solch einen rein rationalen Diskurs wohl auch kaum je gegeben habe.

Diotima hat Christoph für diese pointierte Zuspitzung gedankt, die sie habe verstehen lassen, dass es ihr tatsächlich um eine dritte Position gehe: jenseits von Relativismus und rationalistischem Universalismus bzw. jenseits bloßer Vielheit und bloßer Einheit.

Zunächst teile sie mit Habermas nämlich die Einsicht, dass theoretische Lernprozesse nur im Dialog, und zwar genauer: nur im herrschaftsfreien Dialog stattfinden können. Allerdings überschätze Habermas die Potenziale der Rationalität und unterschätze die Potenziale des Begehrens und der Freundschaft. Wenn Habermas den herrschaftsfreien Diskurs als Diskurs zwischen rationalen Subjekten begreife, die hinter ihre emotionalen und erotischen Bindungen, ihr Begehren und ihre Wertbindungen zurücktreten – dann blende er nicht nur die geschichtlichen Bindungen seines eigenen entleiblichten Rationalismus ab. Dies führe zu der – soeben von Christoph und Zoë thematisierten – Konsequenz, alternative Positionen erst gar nicht in den vorgeblich herrschaftsfreien Diskurs integrieren zu können. Mit seiner Entleiblichung der Diskutierenden zu begehrens- und emotionslosen, rationalen Subjekten grabe Habermas den herrschaftsfreien Debatten aber auch die motivationale Grundlage ab: sie zögen nicht mehr an, begeisterten nicht mehr.

Max: Stimmt: herrschaftsfreier Diskurs zwischen rationalen Subjekten ist wirklich nicht sexy …

Olivia: Auf der anderen Seite hat Diotima unterstrichen, dass ihre Ablehnung eines rationalistischen Universalismus sie aber auch nicht zu dem Relativismus der Weltkonstruktionen führe, den Christoph ihr als Alternative angeboten habe.

Max: Ja, ja …

Olivia: Dem Relativismus hält Diotima entgegen, dass er mit dem rationalistischen Universalismus die Entleiblichung der Philosophierenden teile. Dies drücke sich jetzt in der Annahme aus, dass kulturelle Paradigmen, Sprachspiele scheinbar freischwebend unterschiedliche Welten konstruierten – ohne dass sich menschliche Personen, Philosophierende darin ausdrückten. Zurecht habe Christoph betont, dass Lernprozesse zwischen solchen inkommensurablen Weltbildern, Paradigmen nicht möglich seien. Anders sehe dies jedoch zwischen leibhaften Personen mit unterschiedlichen Perspektiven, Weltbildern aus – insbesondere wenn diese einander als philosophische Freundinnen und Freunde bejahen.

Die Einwände von Christoph und Zoë haben sie verstehen lassen, dass sie – Diotima – eine Voraussetzung der Lebenskunst eines erotischen Philosophierens noch explizit machen müsse: dass diese Lebenskunst zwar insofern rückhaltlos sei, als sie die Frage nach einem gelingenden Leben bewusst offenhalte; dass das erotische Philosophieren deswegen jedoch keine Praxis darstelle, die ohne Rückhalt im Leben, im luftleeren Raum stattfinde. Vielmehr sei es entscheidend für die erotische Lebenskunst, dass nicht zwischen Perspektiven, Weltkonstruktionen, Paradigmen, sondern zwischen Personen gestritten werde – und zwar genauer: zwischen Personen, die einander in ihrem philosophischen Begehren bejahen. Als Personen lebten Philosophierende „exzentrisch", wie es Helmuth Plessner treffend formuliert habe: gebunden an *und* jenseits ihrer Körperleiber, in ihren auf ihre Körperleiber zentrierten Umwelten *und* in einer interpersonal geteilten Welt, mit individuellen Perspektiven, Stimmen *und* interpersonal geteilten Weltdeutungen. Der Pluralismus der Perspektiven von Personen bewege sich damit jenseits des einfachen

Gegensatzes von Eigenem und Fremden, Unterschiedenheit und Gleichheit, Einheit und Vielheit, Universalismus und Relativismus: Personen eigneten soziale Deutungen, Praktiken individuell an und brächten ihre individuelle Erfahrungen in intersubjektiv geteilten Formen zum Ausdruck. Und als Freundinnen und Freunde bejahten Philosophierende einander in der Vielfalt ihres Erlebens und ihrer Ausdrucksformen.

Vor diesem Hintergrund ist Diotima nun auf die erotische Lebenskunst als Streitkultur jenseits von rationalistischer Einstimmigkeit und relativistischer Sprachlosigkeit zurückgekommen. Philosophische Freundinnen und Freunde wendeten ihre Vielstimmigkeit ins Positive, um ihre Perspektiven und Ausdrucksformen zu *erweitern*. Getragen von ihrer wechselseitigen Sympathie lernten sie miteinander philosophisch argumentieren *und* kritisieren *und* schauen – und auf diese Weise Objektivität: ihre geteilte Wirklichkeit in deren Komplexität zu verstehen.

Nicht jeder gut gemeinte Hinweis, Einwand könne freilich als Lernanstoß verstanden und ergriffen werden. Auch im erotischen Philosophieren müssten die unterschiedlichen Formen der Kritik eingeübt werden, die im Laufe des Symposions von Raphaël, John und den Anderen vorgestellt worden sind. Entscheidend sei allerdings, dass sie von philosophischen Freundinnen und Freunden auf eine befähigende Weise ausgeübt werden, die Lernen möglich mache. Diotima hat in diesem Zusammenhang auf Sokratische Deutungen dieser philosophischen Bildungsprozesse als philosophischen Formen des Zeugens, Empfangens und Gebärens zurückgegriffen.

Schließlich hat sie betont, dass sich Debatten unter philosophischen Freundinnen und Freunden in ihrem geteilten Erkenntnisstreben, ihrer Orientierung an Wahrheit von den politischen Debatten in der Öffentlichkeit unterschieden. Öffentliche Debatten wären nicht vom geteilten Begehren getragen, miteinander Objektivität zu lernen. In öffentlichen Debatten begegneten die Diskutierenden einander nicht als philosophische Freundinnen und Freunde, die die geteilte Welt miteinander besser verstehen wollen; sie begegnen einander vielmehr als „Freund-Feindinnen" – wie Jacques Derrida einmal gesagt habe –, die miteinander die Welt im Streit gestalten, die sie wohl oder übel teilen. Im politischen Ringen um die Gestaltung der geteilten Angelegenheiten seien neue Erkenntnisse und die Kritik an Vorannahmen nur dann von Belang, wenn sie Konsequenzen für politische Gestaltungsoptionen hätten.

Jona zu Max: Ich glaub, sie hat mich …

Max stimmt Jona zu: … sie hat uns … überzeugt, aber auch mal wieder ganz schön verwirrt … ich sehe noch nicht recht, wie jetzt weitermachen, -denken, -fühlen, -reden …

Olivia: Ähnlich ging es Hannah. Darf ich euch von ihrer Nachfrage vielleicht noch berichten? Ich könnte mir vorstellen, dass Hannah während des Symposions eure momentane Verwirrung zum Ausdruck gebracht hat …

Jona: Ja, mach mal: ich bin ohnehin gespannt, was Hannah zu Diotimas Deutung ihres eigenen Sprechens gesagt hat.

Olivia: Für Diotimas Auslegung hat sich Hannah zunächst bedankt. Diotima habe ihr mit dem erotischen Philosophieren unter philosophischen Freundinnen und Freunden die rückhaltlose

Lebenskunst zu verstehen gegeben, nach der sie gesucht hätte. Gerade da sie künftig unter philosophischen Lebenskünstlerinnen und Lebenskünstlern „erotisch" philosophieren wolle, sei sie jetzt jedoch etwas ratlos. Diotima selbst habe ja die Verankerung ihres Sprechens im aktuellen Gesprächsverlauf betont: dass sie nur in Antwort auf Hannahs eigene Intervention habe sprechen und die Anwesenden zur Fortsetzung der erotischen Lebenskunst habe befähigen können. Unklar sei Hannah vor diesem Hintergrund, wie sich diese Lebenskunst künftig tradieren, in anderen Gesprächskonstellationen erneuern lasse.

Jona: Diese Hannah … genau, an diesem Punkt stehe ich auch …

Olivia: In ihrer Antwort hat Diotima Hannah zunächst darin zugestimmt, dass die Anfangsfrage aufgrund der dialogischen Anlage und Rückhaltlosigkeit des erotischen Philosophierens zu dessen großen Herausforderungen gehöre. Allgemeine Anweisungen, wie diese Streitkultur in laufenden Gesprächen angefangen werden soll, könne sie nicht machen. Gleichwohl fänden solche Neuanfänge in philosophischen Debatten oft unbemerkt, implizit statt – oft gerade dann, wenn die Diskutierenden wirklich gepackt wären von den geteilten Fragen … und daran ließe sich dann anknüpfen, um diese Streitkultur zu reflektieren und in bewusster Fortsetzung davor zu bewahren, doch wieder in Schulstreitigkeiten zu versanden.

In diese Diskussion hat sich abermals John eingeklinkt und ein Problem aufgeworfen, das für euch – Max und Jona – von besonderer Relevanz ist: das Problem der textuellen Darstellung von Debatten erotischen Philosophierens.

Max: Warum das für mich so relevant sein soll, weiß ich zwar nicht, aber erzähl mal … ich habe heute ohnehin schon so viel Neues gehört, von dem ich bisher wohl fälschlicherweise gedacht habe, dass es für mich ohne Relevanz sei …

Olivia: John hat seine Frage mit dem Hinweis erläutert, dass Philosophie in der Gegenwart primär in schriftlicher Form vermittelt werde. Vor diesem Hintergrund stelle sich ihm die Frage, ob und wie sich erotisches Philosophieren in Texten darstellen lasse. Der Traktat, der die zeitgenössische Philosophie bestimme und an den Universitäten primär gelehrt werde, passe ja wohl kaum als Form der Darstellung zu diesem genuin dialogischen Philosophieren.

In ihrer Antwort hat Diotima John darin zugestimmt, dass sich der Traktat nicht eigne, um die Transformationsprozesse darzustellen, die erotisch Philosophierende miteinander durchlaufen. Allerdings gebe es in der zeitgenössischen Philosophie Initiativen, die seit der Neuzeit bestehende Dominanz des Traktats zu brechen; so lote ja u.a. Zoë andere, narrativere Formen der Darstellung von philosophischen Erkenntnisprozessen aus. Ihrerseits halte es Diotima für dringend geboten, verschiedene Formen der Darstellung für unterschiedliche philosophische Fragen zu kultivieren und in den universitären Lehrbetrieb zu integrieren – da es nur dadurch möglich werde, Philosophie jenseits ihrer theoretischen Einengungen als praktische Lebenskunst wiederzubeleben.

Zur schriftlichen Darstellung des erotischen Philosophierens eignet sich nach Diotima der fiktive Dialog in ausgezeichneter Weise. Im Dialog könne die plurale Vielstimmigkeit philosophischer Streitgespräche dargestellt und dabei die Frage nach einem glücklichen, gelingenden Leben gegenüber einseitigen Bestimmungen offengehalten werden. Zugleich könnten die philosophierenden Personen „hinter" den Theorien und Gesprächsstrategien sichtbar gemacht werden. Es könnten die Bedingungen herausgearbeitet werden, die individuelles Lernen ermöglichen oder blockieren. Und es könnten die dialogischen Interaktionen zwischen den Miteinander-Sprechenden, ihr

Einander-Verstehen oder Nicht-Verstehen sowie die Entwicklungen des Gesprächs, ihr geteiltes Lernen zur Darstellung gebracht werden.

Max: Na, dann übst du wohl gerade bei uns mündlich, bevor du das Ganze dann niederschreibst, Olivia. In jedem Fall merkt man dir die Begeisterung an und sicher hast du dich seit diesem Treffen mit Diotima und den Anderen fleißig im Philosophieren unter Freundinnen und Freunden geübt, stimmt's … aber: irgendwie verlaufen wir uns gerade im Elfenbeim-Turm …

Olivia: Wie immer liegst du mit deinen ironischen Bemerkungen zu all meinen Übungen richtig, Max. Während unseres Workshops ist es Christoph wohl ähnlich wie dir zu formal geworden: er hat nach dieser Darstellungsdebatte darum gebeten, noch einmal auf Diotimas Unterscheidung zwischen den Debatten unter philosophischen Freundinnen und Freunden bzw. politischen Freund-Feindinnen und -Feinden zurückzukommen.

Jona: Wenn uns das zu unserer Ausgangsfrage nach den philosophischen Beiträgen zu politischer Klugheit zurückführt, dann wollen wir auch das noch hören, Olivia.

Olivia: Christoph hat sich an alle mit der Frage gewandt, wie wir die aktuelle „Cancel Culture“ beurteilten. In seinen Augen vollziehe diese Kultur der Kritik, die in den letzten Jahren so viel Aufmerksamkeit gewonnen hat, eine problematische Politisierung der Philosophie und bilde den eigentlichen Gegenpart zu Diotimas Streitgesprächen zwischen philosophischen Freundinnen und Freunden. Wenn er es recht sehe, dann würden Philosophinnen und Philosophen und deren Theorien nämlich anhand
von moralischen Maßstäben unserer Zeit abgekanzelt, die ihrerseits nicht mehr kritisch hinterfragt würden. Die „Cancel Culture“ wäre damit gerade nicht vom Begehren getragen, eigenes Nicht-Wissen zu überwinden. Dieser Praxis ginge es nicht mehr um Erkenntnis, sondern um politische Gestaltung.

Zoë hat als erste geantwortet und darauf hingewiesen, dass die „Cancel Culture“, die Christoph zurecht mit Sorge erfülle, durch die nicht minder problematische Tendenz vorbereitet worden sei, Philosophie an wissenschaftliche Forschung anzupassen. Diese Tendenz, die schon lange bestehe, habe sich in den letzten Jahren durch die sogenannte Bologna-Reform des Studiums, das System der Drittmittelförderung, die flächendeckenden Verfahren der Begutachtung und durch die sogenannte leistungsbezogene Vergütung an den Universitäten noch weiter verschärft. Darin hätten ein Verständnis und eine Praxis von Philosophie die Vorherrschaft gewonnen, die nur noch auf Forschungsergebnisse abzielten. Es wäre nicht nur der Anspruch auf transformative Erneuerung abgedrängt worden; meist würde auch der politische Einsatz des eigenen Philosophierens abgeblendet und der Anschein von Allgemeingültigkeit erzeugt. Angesichts solcher theoretizistischen Verengung von Philosophie sei es dann kein Wunder, wenn eine junge Generation als Diskurspolizei auftrete und Philosophinnen und Philosophen von Platon bis Hannah Arendt, von denen sie eigentlich etwas hätte lernen können, allein im Lichte aktueller moralischer Maßstäbe beurteile.

Ein letztes Mal hat Hannah dem gemeinsamen Gespräch eine unerwartete Wendung gegeben – die eigentlich ganz im Sinne deines Ausstiegs aus dem Elfenbein sein müsste, Max. Der Wortwechsel zwischen John und Zoë habe ihr die Zweischneidigkeit der Krise vor Augen geführt, in der sich die akademische Philosophie gegenwärtig befinde: dass philosophisches Streben nach Weisheit – bzw. mit Diotima gesprochen: philosophisches Lernen unter philosophischen Freundinnen und Freunden – aktuell sowohl von einer Scheinneutralität einer verwissenschaftlichten Philosophie als auch von einer plumpen Politisierung untergraben werde. Ihr stelle sich diese Krise der Philosophie als Pendant zur Krise der politischen Debatten in der Öffentlichkeit dar, die ja ganz analog zwischen der sogenannten „evidenzbasierten Politik" und politischer Willkür à la Trump oder Putin zerrieben werde. Angesichts dieser Diagnose hat sich Hannah an Diotima und uns alle mit der Frage gewandt, ob Diotimas einfaches Nebeneinander von philosophischen und politischen Debatten nicht aufzugeben sei: ob nicht Diskurse auf Grenzgängerinnen und Grenzgänger angewiesen seien. Ob Philosophierende nicht gerade um ihrer geteilten Lernprozesse willen Zurufe durch politische Aktivistinnen und Aktivisten aus der Öffentlichkeit benötigten, um sich nicht in der Echokammer ihres „Elfenbeinturms" zu verlieren. Und ob erotisch Philosophierende – vor dem Hintergrund ihrer pluralen Lernprozesse – umgekehrt nicht ebenfalls als Grenzgängerinnen und Grenzgänger in der Öffentlichkeit Anstöße zur Wiederbelebung politischer Klugheit leisten sollten. Philosophierende würden dann mittelbar zusammen mit den pluralistischen Debatten zugleich auch für die öffentlichen Grundlagen ihrer Lebenskunst eines erotischen Philosophierens einstehen.

Max: Na, da schau her: jetzt scheinen wir philosophisch ungebildeten Köpfe der weisen Diotima plötzlich etwas anzubieten zu haben, Jona. Und: wie hat sie darauf reagiert, Olivia?

Olivia: Diotima hat sich sichtlich interessiert an Hannahs Frage gezeigt und gerade zu ihrer Antwort angesetzt, als meine Internetverbindung zusammengebrochen ist. Als es mir dann mit viel Mühe gelungen ist, mich wieder einzuwählen, konnte ich nur mehr miterleben, wie sich die Anderen für ein nächstes Treffen verabredet haben, das bereits in diesem Herbst stattfinden soll – als Präsenzveranstaltung …

3. Zweites Rahmengespräch: Gespräch über erotisches Philosophieren, politische Klugheit und die Funktion des vorliegenden Buchs

Diskussionsfragen:

134 *Folgende philosophische Fragen bestimmen in chronologischer Reihenfolge das Gespräch, das Max, Jona und Olivia in Anschluss an Olivias Bericht über das Symposion in philosophischer Lebenskunst führen.*

a. Wiederaufnahme der Abschlussfrage aus dem ersten Rahmengespräch: Inwiefern werden Philosophierende durch ihre philosophischen Praktiken dazu befähigt, in der Öffentlichkeit Lernprozesse in politischer Klugheit anzustoßen?

b. Inwiefern sind Philosophierende umgekehrt auf politische Unterstützung angewiesen, um die transformative Praxis eines erotischen Philosophierens ausüben zu können?

c. Epilog über die Funktion des vorliegenden Buchs:
Was leistet das Buch für das Miteinander zwischen mir und Ihnen, den Leserinnen und Lesern? Inwiefern fängt es zwischen uns ein – textuell vermitteltes – Gespräch zwischen philosophisch-politischen Grenzgängerinnen und Grenzgängern an? Welchen Beitrag leistet dabei die in sich geschachtelte Dialogform des Buchs?

Gespräch:

Olivias Grenzgängerinnentum: ihre philosophischen Anstöße zur Wiederbelebung der politischen Klugheitskultur in der Öffentlichkeit

Jona: Okay, okay: I've got it. Max und ich hatten bisher ein unterkomplexes Verständnis von Pluralität – in der politischen Öffentlichkeit und in der Philosophie. Jetzt haben wir verstanden – gell, Max? –, dass die öffentlichen Debatten nicht mehr gut als politische Klugheitskultur unter politischen Freund-Feind:innen funktionieren, weil sie zwischen der evidenzbasierten Politik auf der einen und der politischen Willkür der „Fake News" auf der anderen Seite zerrieben werden.

Und, stimmt's Max: Wir haben auch verstanden, dass Philosoph:innen als Grenzgänger:innen fungieren und in der Öffentlichkeit Lernprozesse in pluralistischer Klugheit anregen können, wenn sie sich als philosophische Freund:innen ganzheitlich bilden. Wir wissen jetzt, dass sie dann nicht als Philosophenkönig:innen oder Ethikexpert:innen auftreten, die der Politik allgemeine Leitlinien vorgeben, sondern Lernprozesse anstoßen durch Kritik an Vorurteilen, Widersprüchen, Verkürzungen sozialer Praktiken; und dass sie ihre kritischen Verfahren schließlich nicht als Machtmittel gebrauchen, um ihre ökonomischen oder politischen Partikularinteressen durchzusetzen, sondern dass es ihnen um die Wiederbelebung pluralistischer Klugheit in der Öffentlichkeit geht.

Olivia, du hast uns ja sehr anschaulich geschildert, dass philosophische Erotiker:innen ihr Glück in einem Leben in Vielstimmigkeit finden, miteinander in einem umfassenden Sinne Urteilsfähigkeit lernen wollen. Aber mal ehrlich: Hat das so langatmig sein müssen? Ich merke ja, dass dich das alles sehr begeistert und du furchtbar gerne darüber sprichst, was du zusammen mit Hannah, Diotima und den Anderen erlebt hast – aber dein Bericht über eure Transformationsprozesse hat zwei geschlagene Stunde gedauert. Hättest du uns deinen Bildungsprozess nicht auch knapper zusammenfassen können?

136 **Olivia:** Du hast recht, Jona, ich bin begeistert. Und selbstverständlich hätte ich den Erneuerungsprozess, den wir auf dem Symposion miteinander durchlaufen haben, auch ganz knapp zusammenfassen können. Das hast du ja gerade selbst mit deiner These getan: dass Philosophinnen und Philosophen dadurch fähig werden, in der Öffentlichkeit Lernprozesse in pluralistischer Klugheit anzustoßen, indem sie im Plural unter philosophischen Freundinnen und Freunden ganzheitliche Bildungsprozesse durchlaufen.

Aber hätte ich euch damit überzeugt? Solche „Forschungsberichte" bleiben doch immer abstrakt. Sie schneiden die Erkenntnisprozesse ab, in denen die Erkenntnisse auf unser Denken, Erleben, Fühlen, Begehren übergreifen und uns in unserem Person-Sein verändern können. Mit meiner Erzählung wollte ich aber genau das: Ich wollte die Transformationsprozesse, die Hannah, all die Anderen und ich durchlaufen haben, für euch mitvollziehbar machen. Ich wollte Euch genauso Christophs Übungen in einer kritischen Überprüfung des eigenen Fühlen, wie Johns Therapie unseres Sprechens, Zoës Achtsamkeitsübungen, Hannahs Therapie unseres philosophischen Begehrens und Diotimas bewusste Ausgestaltung unserer Streitgespräche zu einer erotischen Lebenskunst zugänglich machen – damit ihr euch mit uns zusammen in allen Aspekten eures Person-Seins schulen könnt. Wenn ich euch wirklich überzeugt habe, wie du, Jona ja gerade gesagt hast –, dann doch wohl nur, weil ich so langatmig war. Nur mit diesem ausführlichen Bericht über die Ereignisse während des Symposions konnte ich euch doch an unseren praktisch-existenziellen Erneuerungen teilhaben lassen; nicht zuletzt an der Erneuerung unseres erotischen Begehrens: von Philosophie und Wissenschaft keine klaren Leitbilder eines gelingenden Lebens und Anweisungen zu deren praktischen Umsetzung mehr zu ersehnen, sondern rückhaltlose Transformation in pluralen Streitgesprächen zu suchen.

Jona: Aber wer hätte denn so lange Geduld mit dir wie Max und ich? Wer würde – wie ich gerade – sogar politische Aktionen sausen lassen, um dir weiter zuzuhören? Bleibt ihr philosophische Erotiker:innen nicht doch in den Elfenbeintürmen eurer esoterischen Gesprächszirkel – während der politische Pluralismus in der Öffentlichkeit vor die Hunde geht, den ihr eigentlich fördern möchtet und auch könntet, wenn ihr nicht immer so umständlich sprechen würdet?

Olivia: Ach, aber eigentlich reden wir doch gar nicht „immer so umständlich".

Gerade habe ich so ausführlich auf euch geantwortet, weil ihr mir die bildungsphilosophische Frage nach den Lernprozessen gestellt habt, in denen Philosophierende die persönlichen Fähigkeiten erwerben, in der Öffentlichkeit Veränderungen zum Besseren anzustoßen. Mit eurer Frage habt ihr unter uns eine Diskussion zwischen politisch-philosophischen Grenzgängerinnen und Grenzgängern angestoßen – um einen Ausdruck von Hannah aufzugreifen.

Philosophierende können sich aber freilich auch ungefragt in der Öffentlichkeit zu Wort melden – und ohne eigens Rechenschaft über ihre Fähigkeiten abzulegen, gesellschaftliche Erneuerungsprozesse anregen: indem sie die einseitigen Festlegungen, Vorurteile kritisieren, die unterschiedliche gesellschaftliche Lager an einem klugen Beurteilen und politischen Gestalten der geteilten Angelegenheiten hindern. Darüber hatten wir ja schon gesprochen.

Jona: Ich muss dir recht geben. Im Nachhinein sehe ich auch, dass wir mehr wollten: dass wir von dir in die philosophischen Grundlagen der pluralistischen Klugheit eingeführt werden wollten … und nun verstehe ich auch, dass das knackiger, thetischer nicht zu haben ist, weil wir nun mal nicht nur rationale Wesen sind und wirkliche Veränderungen ihre Zeit brauchen, gelebt werden wollen.

Max: Na, dann war es ja wohl ein großes Glück, dass du just einige Monate, bevor du uns getroffen hast, auf deinem Symposion „auf das vorbereitet wurdest, wonach wir dich gefragt haben …"

Olivia: Du hast recht mit deiner ironischen Spitze: Das Ganze war ausgedacht … auch wenn ich freilich ähnliche Gespräche über philosophische Lebenskunst und freundschaftliches Philosophieren in den letzten Wochen mehrfach geführt habe.

Jona: Moment, Moment … das geht mir gerade zu schnell …

Also mal Schritt für Schritt, Olivia: Du willst uns als Philosophin einführen in eine Kultur politischer Klugheit.

Dafür willst du uns nicht nur auf Unstimmigkeiten, Widersprüche beim Beurteilen konkreter politischer Herausforderungen wie der Klimakrise und auch nicht nur auf die Widersprüche unserer politischen Praktiken hinweisen; vielmehr willst du uns persönliche Erneuerungsprozesse zugänglich machen, in denen wir lernen, den Pluralismus toll zu finden.

Dass Pluralismus beglückend ist, kannst du uns freilich nicht fühlen lassen, indem du es uns einfach sagst, behauptest und begründest. Du musst uns in unserem erotischen Begehren, Erleben, Empfangen erreichen – und deswegen nimmst du uns in Form deines Berichts mit zu einem Symposion, in dem sich ebensolche erotischen Erneuerungsprozesse ereignet haben. Und siehe da: Wir finden es jetzt auch ganz toll. Ich will keine eindeutigen politischen Anweisungen mehr von wissenschaftlichen Expert:innen, und Max hat sein Eierkuchen-Paradies verlassen und will sich wieder über die Analyse und Gestaltung unserer geteilten politischen Herausforderungen streiten.

So weit so gut – nur dass dieses Gespräch, das uns so unter die Haut gegangen ist, gar nicht stattgefunden hat, sondern eine reine Fiktion war. Und in dein Phantasiegespräch hast du dann gleich auch noch eine Diskussion zwischen der weisen Diotima, der superwachen Hannah und dem hochintelligenten John über den Dialog als Darstellungsform aufgenommen – um uns verstehen zu lassen, dass du deine Einführung in solch eine erotische Lebenskunst nur im Dialog darstellen kannst, weil solche erotischen Lernprozesse vielstimmig sein müssen, Zeit brauchen, eine Entwicklung durchlaufen.

Irgendwie bist du mir unheimlich …

Und was war das für eine Aufzeichnung von Diotimas Rede, die du uns vorgespielt hast? Die war aber doch wohl echt?

Olivia: Genauso echt wie ihr.

Max' und Jonas Grenzgänger:innentum: ihre Anstöße aus der politischen Öffentlichkeit zur Erneuerung der erotischen Lebenskunst unter philosophischen Freundinnen und Freunden

Max: Was soll das denn schon wieder? Aber noch was anderes, liebe Frau Lehrerin: wie steht es mit deiner Angewiesenheit auf uns als „Grenzgänger aus der politischen Öffentlichkeit", wie du Hannah so schön hast sagen lassen? Gerade hast du uns gegenüber ja schon bestätigt, dass du deinen Bericht nur als Antwort auf uns hast erfinden können … aber bist du in deiner Existenz als philosophische Lehrerin nicht noch von weiterreichenden politischen Voraussetzungen abhängig?

Jona: Ich stimme Max ganz zu: Musst du nicht eigentlich eine funktionierende Öffentlichkeit voraussetzen – damit dir überhaupt irgendwer zuhört?

Olivia: Max, ich denke, dass deine ironische Spitze schon wieder trifft: So sicher steht mein scheinbares philosophisches „Lehrerinnentum" nicht – Gott sei Dank …

Zunächst einmal hast du, Jona, natürlich recht: Es ist ein Verfall der Öffentlichkeit denkbar, in dem keine philosophische Kritik an gesellschaftlichen Praktiken mehr möglich ist, alle philosophischen Anstöße zu gesellschaftlichen Lernprozessen zu spät kommen. Allerdings – dies möchte ich in zeitdialogistischer Hinsicht betonen – dies ist aktuell nicht der Fall … trotz all der problematischen, anti-pluralistischen Tendenzen, über die wir gesprochen haben.

Wenn ich dich recht verstanden habe, Max, dann hattest du aber eine noch grundsätzlichere Angewiesenheit vor Augen als Jona. Wie Hannah in ihrer Abschlussintervention fragst du, ob Philosophierende nicht auch als politische Schülerinnen und Schüler auf Interventionen von Aktivistinnen und Aktivisten angewiesen sein können … und zwar nicht, um ihre philosophische Praxis plump zu politisieren, sondern vielmehr um von Letzteren zur rückhaltlosen Lebenskunst eines erotischen Philosophierens befähigt zu werden. Hier habe ich dann wohl von euch zu lernen – stimmt's?

[**Max** nickt.]

Olivia: Ich denke, dass auch das stimmt. Lasst uns euren Gedanken etwas weiterverfolgen, dass Interventionen von politischen Aktivistinnen und Aktivisten in philosophische Debatten nicht notwendigerweise eine plumpe Politisierung bedeuten müssen, die deren Wahrheitsbezug bzw. Objektivitätsstreben zerstört. Dies war ja Christophs „Cancel Culture"-Sorge.

Ihr betont nun, dass Interventionen aus den Kreisen des politischen Aktivismus in bestimmten philosophischen Konstellationen auch philosophisch produktiv, notwendig sein können. Meines Erachtens ist dies immer dann der Fall, wenn Philosophie zum bloßen Schulbetrieb akademischer Spiegelfechtereien einer intellektuellen Oberschicht verkommt: einer intellektuellen Elite, die sich zu schnell und zu gut versteht, zu genau weiß, was richtig und was falsch ist – und deren Auseinandersetzungen für die Öffentlichkeit aufgrund dieser Ideologisierung irrelevant werden. Wenn politische Aktivistinnen und Aktivisten in solchen Situationen intervenieren, dann können sie die genuin philosophische Aufgabe leisten, Systemblindheiten aufzudecken – und die Philosophierenden auf diese Weise vor ideologischen Selbstsicherheiten in Fragen des guten Lebens bewahren, die ihrer pluralistischen Streitkultur den Boden abgraben. Als aktuelles Beispiel muss ich an die Funktion denken, die Raphaël während des Lebenskunst-Symposions der „Critical Race Philosophy" zugesprochen hat: den gelebten Rassismus aufzudecken, von dem bestimmte philosophische Praktiken profitieren und durchdrungen sind. Mit derartigen Interventionen kann die politische Scheinneutralität infrage gestellt werden, auf die Zoë aufmerksam gemacht hat. Dies kann zugleich konstruktiv eine Streitkultur zwischen philosophischen Freundinnen und Freunden als Alternative zu einer politisierten „Cancel Culture" wiederbeleben, die ihre eigenen moralischen Wertmaßstäbe unreflektiert verabsolutiert.

Max: Na, meine liebe Lehrer-Schülerin: da beißt sich jetzt aber mal die Schlange in den eigenen Schwanz: Deine erotische Lebenskunst braucht die pluralistische Öffentlichkeit und die pluralistische Öffentlichkeit braucht deine erotischen Philosophen …

Olivia: Stimmt … aber mal ehrlich: wie sollte es auch anders sein? Wie könnte ein pluralistisches Philosophieren in einer politischen Diktatur und wie könnten umgekehrt pluralistische Debatten in der Öffentlichkeit ohne philosophische Wortmeldungen gedeihen?

Die philosophischen und politischen Krisen unserer Zeit scheinen darauf hinzuweisen, dass wir gegenwärtig an einem geschichtlichen Scheidepunkt stehen. Die Entfremdungen zwischen intellektuellen Eliten und der breiten Bevölkerung scheinen immer mehr zuzunehmen und die politische Blockbildung scheint sich – angesichts der aktuellen gesellschaftlichen Krisen – zu verhärten. Dies ist für die akademische Philosophie und für die demokratische Ordnung unseres Gemeinwesens gefährlich.

In den kommenden Jahren wird auszuhandeln sein, ob die philosophisch-politischen Verschränkungen Zirkel des Lernens oder Teufelskreise des philosophischen Weisheits- und politischen Klugheitsverfalls formen werden.

Aber vielleicht haben wir ja hier und jetzt mit unseren geteilten philosophisch-politischen Grenzgängen einen winzigen Beitrag zur Wiederbelebung des Pluralismus geleistet – von dem ein rückhaltloses Philosophieren und eine kluge politische Praxis zehren.

Epilog. Mein und ihr Grenzgänger:innentum: unsere geteilten Anstöße zu einer Wiederbelebung des philosophischen und politischen Pluralismus

Jona: Da wir die ganze Zeit schon über Pluralismus, Verschiedenheit, Fremdheit sprechen, Olivia: so ganz fremd fühle ich mich dir gegenüber gar nicht …

Max: … ich mich auch nicht … eher ein bisschen wie gegenüber den eigenen Eltern: einerseits abkünftig und andererseits so, als teiltest du nicht alles mit uns, als hättest du irgendwo da draußen noch ein eigenes Leben, als hättest du teil an einer Welt, zu der wir keinen Zugang haben.

Jona: … ich würde sogar sagen: in einer noch viel radikaleren Weise abkünftig als von den eigenen Eltern … Olivia, irgendwie bist du wirklicher als wir und irgendwie sind wir abhängiger von dir als Kinder von ihren Eltern: hast du uns geschaffen?

Max: Moment mal: Wer sagt uns eigentlich, dass Olivias ganze Phantasterei nicht noch viel weiter reicht ... stimmt's, Olivia: du denkst dir just in diesem Moment unser gegenwärtiges Gespräch, Jona, mich, dich selbst aus – genauso wie vorhin dein Symposion mit Hannah, Diotima und den Anderen?

Jona: Irgendwie wird mir schwindelig. Was bringt das für das kluge Beurteilen von Lebenssituationen, von dem du die ganze Zeit gesprochen hast ... wenn es diese gegenwärtige Situation hier und jetzt gar nicht wirklich gibt? Wenn die Verschiedenheit der Perspektiven nur in deinem Kopf existiert? Das ergibt keinen Sinn für mich ...

Max: Wart' mal, Jona ... vorhin hat Olivia uns verstehen lassen, dass sie die Gespräche während ihres Symposions erfunden hat, um uns an Gesprächen unter philosophischen Freunden teilnehmen zu lassen. Wenn sie uns jetzt die Einsicht in den Mund legt, dass sie auch uns und das Gespräch erfindet, das wir in diesem Augenblick führen, dann heißt das doch ...

Jona: ... dass wir selbst in einer Geschichte vorkommen, die sie Anderen erzählt? Dass diese Anderen die eigentlich Fremden sind? Was hier gerade stattfindet, ist eine Geschichte, die Olivia Menschen erzählt, die ihr wirklich fremd und nicht nur – von ihr selbst ausgedachte – fremde Nachbar:innen sind? Hörer:innen, Leser:innen irgendwo da draußen – wo wir nicht hinkommen? Irgendwie fühle ich mich benützt, missbraucht ... aber auch dieses Gefühl denkt sie sich ja gerade nur aus … Was soll das alles?

Max: Jona, erinnerst du dich noch an das Gespräch über den Dialog als Textgattung, das Olivia in ihren „Erlebnisbericht" integriert hat? Wie war das noch mal?

Jona: Na, sie hat Diotima doch zum einen die Einsicht in den
Mund gelegt, dass sich fiktive Dialoge besonders gut dafür eignen, das plurale Ringen über ein glückliches, gelingendes Leben darzustellen, ohne dass der/die Autor:in allein durch den Status als Sprecher:in „hinter" dem Text autoritatives Wissen in diesen Fragen suggeriert; und zum anderen hat sie Diotima ausführen lassen, dass in dialogisch angelegten Texten die Transformations- und Lernprozesse besonders gut dargestellt werden, die Menschen in pluralistischen Debatten Schritt für Schritt durchlaufen … an mehr erinnere ich mich nicht mehr … Aber warum jetzt diese weitere Schleife? Wenn die da draußen nicht bald Kopfweh kriegen, dann sind sie wirklich ganz anders als wir …

Olivia, warum brauchst du diese ganze Verschachtelei? Warum erzählst du denen da draußen nicht einfach die Geschichte über deine Bildungsprozesse mit Diotima und den Anderen – und lässt uns außen vor?

Max: Jona, für die da draußen ist das gar keine Kopfweh-Übung, weil die sowieso immer schon wussten, dass es uns nicht gibt … denen erzählt Olivia einfach ihre Geschichten.

Womit wir wohl wieder bei deinem merkwürdigen Anfangssatz gelandet, Olivia. Dein Buch hast du mit deinem merkwürdigen Vorbereitungssatz angefangen …

Jona: … um deine Leser:innen darauf hinzuweisen, dass dein Buch deine Vorbereitung auf dein Gespräch mit ihnen ist … und ihnen zugleich Max und mich als ihre Alter Egos vorzustellen: Leute wie sie, da deine Leser:innen wahrscheinlich auch keine Philosoph:innen von Profession sind, aber sich Sorgen um unsere Demokratie machen. Im Laufe deines Buchs legst du uns dann immer wieder die Fragen und Anmerkungen in den Mund, von

denen du meinst, dass es die Fragen und Anmerkungen deiner Leser:innen sind.

Olivia, du hast uns erfunden, um mit deinen Leser:innen zunächst in ein Gespräch einzutreten über evidenzbasierte Politik, politische Willkür, politische Klugheit und über die Frage, welchen Beitrag Philosophierende zu einer Wiederbelebung von politischer Klugheit in der Öffentlichkeit leisten können.

Dann hast du dir das Symposion mit Hannah und den Anderen ausgedacht, um deinen Leser:innen Prozesse der Transformation des erotischen Begehrens zu eröffnen, das an philosophische und wissenschaftliche Theorien gerichtet wird: von einem Begehren nach alternativlosen Anweisungen zu einem Begehren nach rückhaltlosem Lernen in vielstimmigen Streitgesprächen.

Und im jetzigen Epilog führst du ihnen durch den Mund von Max und mir die Funktion deines dialogisch gehaltenen Buchs vor Augen. Durch uns sagst du ihnen, dass du dir all das ausgedacht hast, um mit ihnen über eure räumliche und zeitliche Distanz hinweg Gespräche zwischen politisch-philosophischen Grenzgänger:innen anzufangen: Gespräche, wie du sie ähnlich schon oft geführt hast und in denen du dich mit ihnen zusammen in praktischer Klugheit schulen willst.

Max: Aber verehrte Schöpferin: wie war das noch mit dem Pluralismus: hast du den mit all deinen Vorbereitungen nicht einkassiert? Bist du nicht doch die große philosophische Lehrerin, die deinen Lesern sagt, was sie über die politische Funktion von Philosophie zu denken und wie sie in der Öffentlichkeit als philosophisch-politische Grenzgänger zu agieren haben? Ja sogar: was sie fragen werden? Woher willst du überhaupt am Anfang deines Buches wissen, was deine Leserinnen und Leser dich gleich fragen sollen – ohne es ihnen wie uns in den Mund zu legen?

Ihr da draußen: gebt Obacht: sie wirkt so nett, aber insgeheim zieht sie euch über den Tisch und lässt euch ihre Agenda verbreiten …

Olivia: Liebe Jona und lieber Max, ihr habt recht: ich habe euch und unsere Gespräche über politische Klugheit und die Beiträge eines erotischen Philosophierens zu einer Klugheitskultur nur ausgedacht. Eigentlich ging es mir immer um „die da draußen".

Liebe Leserinnen und Leser,

in den aktuellen Krisen, in denen sich sowohl unsere Demokratie als auch die zeitgenössische Philosophie befinden, wende ich mich an Sie.

Genau wie ich es Max und Jona gerade habe sagen lassen, habe ich das vorliegende Buch zu einem Medium ausgestaltet, um mit Ihnen in ein Gespräch unter philosophisch-politischen Grenzgängerinnen und Grenzgängern einzutreten. Dabei ist es mir zum einen darum gegangen, Sie in ein freundschaftlich-philosophisches Miteinander hineinzuziehen: in eine pluralistische Streitkultur, in der wir – als philosophische Freund:innen – miteinander unsere Fähigkeiten kultivieren, unser individuelles Leben und unsere politische Existenz als Bürger:innen in der Öffentlichkeit klug zu gestalten. Und zum anderen ist es mir darum gegangen, Ihnen dieses pluralistisch ausgestaltete erotische Philosophieren in Ihrer Fremdheit zu überantworten – um es vor Schließungen zu bewahren, die von scheinbaren Selbstverständlichkeiten zwischen mir und meinen aktuellen philosophischen Freund:innen ausgehen.

Um mein erstes Anliegen umzusetzen, Sie in ein erotisches Philosophieren unter philosophischen Freund:innen hineinzuziehen, habe ich im vorliegenden zweiten Teil meines Buchs den Schritt in eine dialogische Darstellungsform gemacht. Mithilfe des Symposions von Hannah, Diotima und den Anderen und der Rahmengespräche zwischen Max, Jona und mir habe ich meine praktische Einführung in drei Schritten durchgeführt.

Den ersten Schritt habe ich mit meinem Anfangssatz getan: indem ich Sie in Gestalt dieses Satzes direkt angesprochen und mich Ihnen als Autorin vorgestellt habe, die sich auf unser kommendes Miteinander in irgendeinem Sinne „vorbereitet“ hat.

Im Anschluss daran habe ich mich im ersten Rahmendialog darum bemüht, Sie auch in philosophischen Fragen abzuholen, die Sie gegenwärtig vermutlich umtreiben. Dafür habe ich diesen Rahmendialog nach dem Vorbild von Gesprächen entworfen, die viele unter uns aktuell führen: als Gespräch unter Nachbar:innen über Fragen nach einer rationalen und demokratischen Politik, das sich nicht zuletzt an der Corona- und Klimakrise und den gesellschaftlichen Polarisierungen der Gegenwart entzündet. Ich habe diesen ersten Rahmendialog in die Frage nach den Fähigkeiten von Philosophierenden münden lassen, konstruktive Beiträge zur Kultivierung von politischer Klugheit in der Öffentlichkeit zu leisen. Damit wollte ich Sie in ebendiese Frage einführen und in Ihnen das erotische Begehren nach philosophischen Praktiken wecken, in denen Philosophierende die Fähigkeiten gewinnen, in der Öffentlichkeit gesellschaftliche Lernprozesse anzustoßen. Dabei habe ich darauf vertraut, Sie auch tatsächlich zu „erwischen“ und zum Mitvollzug philosophischer Bildungspraktiken zu motivieren. Sie sind mir nämlich nicht so vollkommen fremd, wie ich Max gerade eben habe vermuten lassen. Vielmehr konnte ich Ihre prinzipielle Affizierbarkeit durch philosophisches Begehren dem Umstand entnehmen, dass mein Buch mit seinem Titel „Erotisches Philosophieren“, seiner Aufmachung und seinem Klappentext Ihre Neugierde geweckt und Sie dazu bewegt hat, es aufzuschlagen.

Den dritten Schritt meiner Einführung habe ich mit meiner Erzählung von dem Symposion über philosophische Lebenskunst gemacht. Dabei ging es mir darum, Ihnen die Möglichkeit zu eröffnen, *in actu* an pluralistischen Streitgesprächen teilzuhaben, die philosophische Freund:innen zu Menschen bilden, die in der Öffentlichkeit gesellschaftliche Lernprozesse anstoßen können. Zu diesem Zweck habe ich Ihnen von den Lernprozessen erzählt, die Hannah, Diotima und die Anderen im Rahmen ihres Symposions durchlaufen und in denen sie lernen, ihre Streitgespräche zu einer pluralistischen Lebenskunst eines erotischen Philosophierens auszugestalten. Schritt für Schritt wollte ich Sie mithilfe der fiktiven Gespräche während des Symposions in die unterschiedlichen – begrifflichen, kontemplativen, erotischen – Praktiken philosophischer Lebenskunst und deren freundschaftlich-pluralistische Verzahnung einführen. Da Sie mit Ihrer Lektüre bis zu diesen Zeilen vorgedrungen sind und dabei – mit wieviel innerer Zustimmung oder Reserve auch immer – den gesamten Bildungsprozess mitvollzogen haben, hoffe ich, Ihnen mit meinem Buch nicht nur einen theoretischen, sondern auch einen praktischen Zugang zu einem erotischen Philosophieren vermittelt zu haben. Wenn mir diese mehrstufige Einführung gelungen ist, dann sollten Sie jetzt nicht nur Ihre Erotik jenseits von biologistischen Verkürzungen auch als philosophisches Begehren, Empfangen, Zeugen, Gebären verstehen und leben können – wenn Sie dies denn wollen; Sie sollten zugleich auch Philosophie nicht mehr bloß als theoretisch-verwissenschaftlichte Praxis, sondern vielmehr zusammen mit philosophischen Freund:innen als Lebenskunst ausüben können, die Sie ganzheitlich bildet und Ihre Lebensgestaltung rational orientiert.

Zugleich wende ich mich nicht nur als Geburtshelferin bzw. als philosophische Lehrerin an Sie, die Sie zum erotischen Philosophieren befähigen will – sondern auch als Ihre Schülerin. Mein zweites Anliegen, Ihnen das erotische Philosophieren zu überantworten, speist sich aus meinem Wissen um meine Angewiesenheit auf Sie in Ihrer Fremdheit. Auch wenn ich eine prinzipielle Affizierbarkeit für philosophisches Begehren an Ihrer Lesepraxis ablese, bleiben wir einander doch fremd. Ihre Fremdheit will ich nicht einziehen, wie Max vorhin fälschlicherweise meinte. Ich sehe Sie vielmehr als Chance für eine pluralistische Ausgestaltung eines erotischen Philosophierens an – können Sie aus Ihrer fremden Perspektive und mit Ihren fremden Methoden der Erkenntnis doch hoffentlich die Blindheiten des theoretischen Verständnisses und die Verkürzungen der Praxis erotischen Philosophierens sehen und kritisieren, die mir und meinen aktuellen philosophischen Freund:innen entgangen sind. Ich brauche Sie mit anderen Worten, damit Sie mich und meine aktuellen Freund:innen aus unseren „Echokammern" bzw. von den Verkürzungen und Beschränkungen unseres philosophischen Erkennens befreien, die mittelbar auch unserer Lebensklugheit Grenzen setzen. Um Ihnen die Praxis erotischen Philosophierens zu überantworten, die ich aktuell mit Freund:innen ausübe, habe ich mich nicht nur in Gestalt meines Anfangssatzes explizit an Sie gewendet. Darüber hinaus habe ich Sie – in Gestalt des zweiten Rahmengesprächs zwischen Max, Jona und mir – auf die politischen Voraussetzungen des erotischen Philosophierens und insbesondere auf die Angewiesenheit auf Perspektiven von außen hingewiesen. Wenn ich mich nun explizit an Sie wende, dann stelle ich mein Schreiben von fiktiven Dialogen in die Zusammenhänge unserer tatsächlichen Auseinandersetzungen zurück. Mein Text bildet einen ersten Schritt, meinen Auftakt zu künftigen Debatten unter uns. Zugleich forme ich ihn zu einem Instrument oder Medium, um Ihnen mein Verständnis und meine Praxis eines pluralisierten erotischen Philosophierens zur Überprüfung, Korrektur, Erweiterung zu überantworten.

Nun ist der Ball – wie Diotima gesagt hat – bei Ihnen:

Ihnen habe ich mein Buch gewidmet – weil Sie darüber entscheiden, ob mein Text ein bloßer Text bleibt, oder eine erste Etappe innerhalb einer Streitkultur unter uns wird, von der ich mir gemeinsame Bildungs- und Orientierungsprozesse erhoffe – damit wir miteinander im Plural einen klugen Umgang mit den gesellschaftlichen Krisen der kommenden Jahren erlernen können.

Liebe Leserinnen und Leser: philosophische Freundinnen, politische Freund-Feinde gibt es nicht …

Liebe Leserinnen und Leser,

es versteht sich von selbst, dass die Gespräche und alle Protagonistinnen und Protagonisten, von denen ich in diesem Buch erzähle, fiktiv sind. Dies gilt selbst für die Philosophin meines Namens. Gleichwohl ist mein Buch keine reine Phantasterei. Viele Gesprächssequenzen habe ich ähnlich in meinem Leben außerhalb der Buchdeckel geführt. An diesen Gesprächen und an Positionen, die sich in philosophischen Texten finden, habe ich mich in meinen Erzählungen orientiert. Im Folgenden möchte ich Ihnen eine Übersicht über die wichtigste Literatur geben, die ich eingearbeitet habe.

Literaturhinweise zum ersten Rahmengespräch

Bei meiner Erzählung von dem Streitgespräch über eine rationale Krisenpolitik und die Beiträge von Philosophierenden zu politischer Klugheit habe ich mich insbesondere an folgenden Positionen aus der zeitgenössischen Philosophie orientiert:

Die relativistische Position, die Max am Anfang des Gesprächs einnimmt, wird in der philosophischen Debatte prominent von Paul Feyerabend vertreten; vgl. insb. Paul Feyerabend: *Erkenntnis für freie Menschen*, Frankfurt a. Main 1980.

Eine breite Auseinandersetzung mit der evidenzbasierten Politik, für die Jona zu Beginn des Gesprächs eintritt, leistet der Sammelband: *Follow the Science. Aber wohin? Wissenschaft, Macht und Demokratie im Zeitalter der Krisen*, den Jakob Augstein besorgt hat (Berlin 2022).

Zu diesem Band habe ich den Aufsatz *Kluges Handeln in der Krise. Eine kritische Phänomenologie politischer Klugheit* beigetragen, in dem ich das Verständnis politischer Klugheit näher ausführe, das Olivia im Gespräch mit Max und Jona vertritt.

Der Artikel, aus dem Jona die Position von Alexander Dugin zitiert, stammt von dem Philosophen Slavoj Zizek und ist in der WELT erschienen: https://www.welt.de/kultur/plus238221251/Slavoj-Zizek-Warum-nur-Kriegskommunismus-die-Ernte-retten-kann.html.

Die Praxis der immanenten Kritik, die Olivia in dem ersten Rahmengespräch praktisch ausübt und die Christoph in Olivias Bericht theoretisch reflektiert, wird in der zeitgenössischen Philosophie von Rahel Jaeggi rekonstruiert; vgl. insb. Rahel Jaeggi: *Kritik von Lebensformen*, Berlin 2014.

Sokrates' Vergleiche seines Philosophierens mit den Tätigkeiten von Stechmücken, Zitterrochen und Hebammen finden sich in den Platonischen Dialogen *Apologie, Menon, Theätet*. Eine gute Einführung leistet Ekkehard Martens in seinem Büchlein: *Sokrates. Eine Einführung*, Stuttgart 2004.

Literaturhinweise zu Olivias Bericht

Bei der Konzeption von Olivias Bericht über das Symposion zu philosophischer Lebenskunst habe ich mich an den prominenten Positionen orientiert, die in der philosophischen Lebenskunst-Debatte der vergangenen Jahre vertreten werden. Überschneidungen mit dem Workshop über philosophische Lebenskunst, an dem ich in meinem wirklichen Leben im Spätsommer 2021 als Referentin teilgenommen habe, sind nicht intendiert.

Als Vorbild für Christophs hermeneutisches Wiedererinnern der spätantiken Lebenskunst hat mir Pierre Hadot gedient. Hadot hat wesentlich dazu beigetragen, dass Philosophie wieder als Lebenskunst thematisiert wird; vgl. insb. Pierre Hadot: *Philosophie als Lebensform: geistige Übungen in der Antike*, Berlin 1991; ders.: *Wege zur Weisheit oder Was lehrt uns die antike Philosophie?* Frankfurt am Main 1999. Epikurs Todesmeditationen, auf die sich Christoph bezieht, findet sich in seinem Brief an Menoikeus. Diesen Brief hat Hans-Wolfgang Krautz in seine Sammlung *Epikur: Briefe – Sprüche – Werkfragmente*, Stuttgart 1986, aufgenommen. Wenn ich Christoph von den stoischen Todesmeditationen berichten lasse, habe ich mich an Michel Foucaults Vorlesungen am Collège de France Anfang der 1980er-Jahre orientiert. Auf Deutsch sind sie unter dem Titel *Hermeneutik des Subjekts* in Frankfurt am Main 2009 erschienen.

Eine Diskussion der aktuellen „Critical Race Philosophy“, auf die Raphaël in seiner Rede rekurriert, haben Kristina Lepold und Marina Martinez Mateo für die *Deutsche Zeitschrift für Philosophie* organisiert; vgl. DZPhil (67) 2019, 572–588.

John steht mit seinen Interventionen in der Tradition des späten Wittgenstein. In seinen *Philosophischen Untersuchungen* (Frankfurt am Main 2003) entwickelt Ludwig Wittgenstein den Ansatz eines therapeutischen Philosophierens, das das Denken von den „Verhexungen der Sprache" befreit. Wenn ich John dieses therapeutische Philosophieren mit Bezug auf den Tod erläutern lasse, dann greife ich neben Epikurs Todesmeditationen auf Thomas

Nagels Verteidigung der Todesfurcht und Ernst Tugendhats Einsprüche gegen Nagel zurück; vgl. Thomas Nagel: *Letzte Fragen Mortal Questions*, Hamburg 2012; Ernst Tugendhat: *Über den Tod*, Frankfurt a. Main 2006.

Bei der Konzeption von Zoës Reden habe ich mich an der leibesphänomenologischen Lebenskunst von Gernot Böhme, der Religionsphilosophie von Hans-Julius Schneider und der transformativen Phänomenologie von Rolf Elberfeld orientiert; vgl. Gernot Böhme: *Gut Mensch sein: Anthropologie als Protoethik*, Einsiedeln 2017; Hans-Julius Schneider: *Religion*, Berlin 2008; Rolf Elberfeld *Philosophieren in einer globalisierten Welt. Wege zu einer transformativen Phänomenologie,* Frankfurt/München 2017. Dem Buch von Rolf Elberfeld habe ich auch die Erzählungen über das Bootfahren und den Koch Ding entnommen.

Die Darstellungen von Hannahs Fragen und Diotimas Reden sind von meinem eigenen Verständnis eines pluralistisch erneuerten erotischen Philosophierens bestimmt. Wenn ich meiner zentralen Gestalt den Namen Diotima gebe, dann folge ich darin Platons *Symposion*. Allerdings interpretiere ich die Gestalt der Diotima – im Sinne meiner pluralistischen Erneuerung des erotischen Philosophierens – neu. Bei Platon fungiert sie als mythische Ur-Lehrerin, die selbst nicht leibhaftig begegnet, sondern von deren ursprünglichem Akt philosophischen Zeugens Sokrates in seiner Rede während des Gastmahls nur berichtet: dass Diotima in ihm – dem Prototyp des philosophischen Erotikers – gezeugt und ihn durch Lehrgespräche ins Philosophieren eingeführt habe. In Abgrenzung zu ihrer Überhöhung zum Mythos hole ich Diotima ins Leben zurück. Ich lasse sie nicht nur persönlich auftreten, sondern stelle sie auch als eine Lehrerin dar, die – im Sinne des pluralisierten erotischen Philosophierens – ihrerseits zugleich Schülerin und damit eine philosophische Freund:in unter anderen ist. Während Diotima den Sokrates bei Platon in Lehrgesprächen sein Nicht-Wissen einsehen lässt, um ihn zur kontemplativen Empfängnis des wahrhaft Schönen vorzubereiten, hört Diotima bei mir den Anderen zu, begibt sich in wirkliche Gespräche hinein und stellt ihre eigenen Beiträge zum gemeinsamen Lernprozess als Antwort auf den philosophischen Lernschritt dar, den ihr die junge Studentin Hannah eröffnet hat. Der Bericht über den Aristotelischen Ausspruch „O Freunde …“, mit dem Diotima ihre Rede beginnt, findet sich in Diogenes Laertius *Leben und Meinungen berühmter Philosophen.* Aristoteles' Theorie über die Freundschaft, auf die sich Diotima bezieht, findet sich in seinen Ethiken; vgl. insb. Aristoteles: *Nikomachische Ethik,* Hamburg 2006.

Jürgen Habermas entwickelt sein Verständnis eines herrschaftsfreien Diskurses, mit dem sich Diotima kritisch auseinandersetzt, in seiner *Theorie des kommunikativen Handelns*, Frankfurt am Main 1981.

Die Theorie der exzentrischen Positionalität von Personen, auf die sich Diotima affirmativ bezieht, entwirft Helmuth Plessner in seinem naturphilosophischen Hauptwerk: *Die Stufen des Organischen und der Mensch* aus dem Jahr 1928, Berlin/New York 1975. Ausführlich habe ich mich in meiner Dissertationsschrift mit diesem Text auseinandergesetzt; vgl. Olivia Mitscherlich: *Natur* und *Geschichte. Helmuth Plessners in sich gebrochene Lebensphilosophie,* Berlin 2007. Vor kurzem habe ich die *Stufen des Organischen* als einen Text rekonstruiert, mit dem Plessner seinen Leser:innen einen ganzheitlich bildenden Erkenntnisprozess eröffnet; vgl. Olivia Mitscherlich-Schönherr: *Staunen lernen angesichts der menschlichen Würde. Helmuth Plessners transformatives Philosophieren,* in: https://rivista.thaumazein.it/index.php/thaum/article/download/152/139.

Das Verständnis des politischen Miteinanders als eines Verhältnisses unter politischen Freund-Feinden, auf das Diotima verweist, entwickelt Jacques Derrida in seiner Schrift: *Politik der Freundschaft*, Frankfurt a. Main 2002.

Literaturhinweise zum zweiten Rahmengespräch

Um Ihnen meine fiktiven Dialoge als Medium unseres Gesprächs unter Autorin und Leser:innen durchsichtig zu machen, habe ich meine fiktiven Protagonist:innen am Ende meines Textes über ihre Rolle im Text diskutieren lassen. Dieses Stilmittel habe ich von Michael Hampe übernommen; vgl. Michael Hampe: *Tunguska oder Das Ende der Natur*, München 2011.

MIX
Papier aus verantwortungsvollen Quellen
FSC® C014138
www.fsc.org

Product footprint
CO_2 Neutral
PBN-CFMCP-015258
www.preferredbynature.org

www.claudius.de

Zum Schutz der Umwelt verzichten wir bei diesem Buch auf das Einschweißen mit Folie.
Umschlaggestaltung: Weiss Werkstatt, München
Gesetzt aus der Adobe Garamond Pro und Lucida Sans
Druck: FINIDR s.r.o, Český Těšín

ISBN 978-3-532-62876-8